Original illisible
NF Z 43-120-10

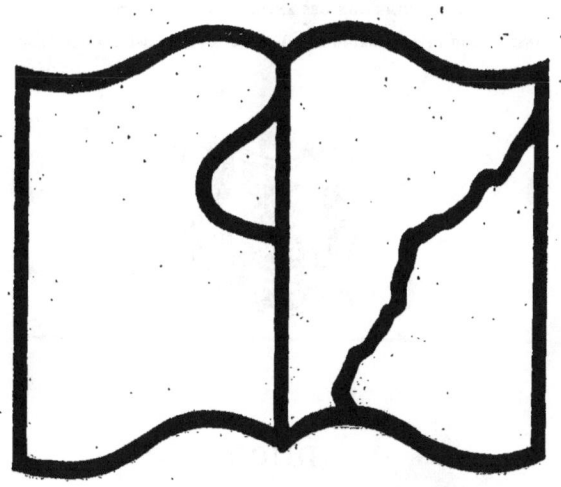

Texte détérioré — reliure défectueuse
NF Z 43-120-11

"VALABLE POUR TOUT OU PARTIE
DU DOCUMENT REPRODUIT".

IMPRESSIONS DE VOYAGE

en deçà et au delà des Pyrénées

(1906)

PAR

LE VICOMTE D'AVOUT

MEMBRE DE L'ACADÉMIE DES SCIENCES, ARTS ET BELLES-LETTRES DE DIJON,
DE LA COMMISSION DES ANTIQUITÉS DE LA CÔTE-D'OR,
INSPECTEUR DIVISIONNAIRE DE LA SOCIÉTÉ FRANÇAISE D'ARCHÉOLOGIE

DIJON
IMPRIMERIE JACQUOT & FLORET
12, rue Berbisey, 12
—
1907

IMPRESSIONS DE VOYAGE

en deçà et au delà des Pyrénées

(1906)

Extrait des *Mémoires de la Société Bourguignonne d'Histoire et de Géographie*, tome XXIII.

IMPRESSIONS DE VOYAGE

en deçà et au delà des Pyrénées

(1906)

PAR

Le Vicomte D'AVOUT

MEMBRE DE L'ACADÉMIE DES SCIENCES, ARTS ET BELLES-LETTRES DE DIJON,
DE LA COMMISSION DES ANTIQUITÉS DE LA CÔTE-D'OR,
INSPECTEUR DIVISIONNAIRE DE LA SOCIÉTÉ FRANÇAISE D'ARCHÉOLOGIE

DIJON
IMPRIMERIE JACQUOT & FLORET
12, rue Berbisey, 12

1907

IMPRESSIONS DE VOYAGE

en deçà et au delà des Pyrénées

(1906)

La Société Française d'Archéologie tenait en 1906 ses assises à Carcassonne et à Perpignan. Après les merveilles de l'art gothique que nous avions, l'année précédente, contemplées au Congrès de Beauvais, nous allions cette année, dans la région la plus méridionale de France, étudier l'art roman, soit dans sa pureté traditionnelle, soit dans les modifications qu'il a subies au contact du génie catalan. L'attraction n'était donc pas moindre, et l'appel adressé par notre Directeur, M. Eugène Lefèvre-Pontalis, avait, malgré l'éloignement, réuni de nombreux adhérents. Ainsi notre Société se développe et acquiert chaque année des forces nouvelles, grâce à la diversité des sujets offerts à son examen ; à côté des vétérans de l'Archéologie surgissent de jeunes esprits, nouvellement nés à la science, et déjà en voie de dépasser les anciens; l'élément féminin lui-même ne nous fait pas défaut : il vient atténuer le côté sérieux et parfois rébarbatif de nos réunions en y introduisant la note d'élégance et de gaieté. La vraie science, d'ailleurs, n'est point morose, et nos Congrès annuels sont la vivante affirmation de cette vérité.

Le 22 mai, la session s'ouvre à Carcassonne. La ville présente deux attractions capitales, la Cathédrale et la forteresse, toutes deux formant, avec une médiocre agglomération de maisons, l'ensemble qui a reçu et conserve le nom de *Cité*. S'élevant au sommet d'une colline, dominant au loin la plaine, la Cité de Carcassonne offre, à distance, au visiteur ébahi, la plus étrange évocation du moyen-âge, toute une ligne de murailles crénelées interrompue de place en place par des tours en poivrière, au-dessus desquelles surgit la puissante silhouette de l'église Saint-Nazaire. La décrire dans ses minutieux détails dépasserait mes intentions; je ne puis que renvoyer à la magistrale description qu'en a donnée Viollet-le-Duc dans son *Dictionnaire de l'Architecture;* toutefois quelques notions historiques et techniques ne paraîtront pas hors de propos.

Les premières origines de la Cité de Carcassonne sont romaines. En l'an 118 avant Jésus-Christ, Rome implante d'une façon définitive sa domination dans la Gaule; Narbonne est fondée comme capitale officielle, et donne son nom à la Province. Mais il fallait assurer la conservation de la conquête, et à cet effet une situation s'imposait, celle de *Carcaso*, la ville des Volsques Tectosages, placée au coude de l'Aude, à la hauteur de la grande dépression du Col de Naurouze qui, de tout temps, fut le chemin des nations en Gaule du versant de l'Océan à celui de la Méditerranée. C'est là l'origine de la *cité* romaine, simple *oppidum* de défense, dont les restes en pierre de grand appareil se laissent encore voir à la base d'un certain nombre de tours.

La domination romaine subsiste jusqu'à l'invasion des Barbares. En 436, les Wisigoths s'emparent définitivement de Carcassonne, et, avec l'assentiment forcé des Romains, ils demeurent maîtres de la Septimanie. Comprenant l'importance militaire de la Cité, ils la mettent d'une façon régulière en état de défense; sur les bases carrées de fondation romaine, ils élèvent des tours rondes dans lesquelles le petit appareil alterne avec des assises de briques. Ce mode de construction est encore parfaitement visible sur plusieurs parties de l'enceinte ; il était d'ailleurs naturel qu'une domination de trois siècles, dans laquelle les Wisigoths avaient hérité de tous les procédés de défense des Romains, laissât sur la forteresse une puissante empreinte. — Les Arabes venus d'Espagne s'emparent de Carcassonne en 725 ; ils en sont chassés à la conquête de la Septimanie par Pépin en 759.

Vient l'organisation de la féodalité. Une dynastie nationale, les Trencavel, s'installe à Carcassonne, reconnaissant pour suzerains, tantôt les comtes de Toulouse, tantôt ceux de Barcelone. Cette dynastie prospère ; elle entretient et restaure les fortifications wisigothes, construit vers 1130 (et même avant) le Château dont elle voûte les tours en calotte hémisphérique, innovation marquant l'avènement d'un art nouveau. La guerre des Albigeois sonne le glas de cette prospérité : la forteresse est prise par Simon de Montfort en 1209 ; le dernier des Trencavel est dépouillé par Louis VIII, qui réunit Carcassonne au domaine royal, et y installe un sénéchal. — Le jeune vicomte Raymond n'a point accepté cette spoliation. Il met, en 1240, le siège devant Carcassonne ; c'est un mémorable fait de guerre dont le récit nous a été conservé par le rapport du sénéchal Guillaume des Ormes ; après vingt-quatre jours d'attaques acharnées, sous l'imminence de l'arrivée d'une armée royale de secours, l'assaillant dut lever le siège.

Louis IX avait constaté l'importance de Carcassonne ; il entreprit de mettre la forteresse en parfait état de défense. Son œuvre fut achevée par son fils et successeur Philippe-le-Hardi ; c'est celle que les siècles nous ont transmise, restaurée et modifiée en quelques points par l'habile intervention de Viollet-le-Duc.

Disons tout d'abord que, pour mieux assurer la défense de la Cité, les deux faubourgs de Graveillant et de la Trivalle, fort endommagés lors du siège de Trencavel, ne furent pas reconstruits; les habitants en furent transportés sur la rive opposée de l'Aude, où s'éleva tout d'un jet une *ville neuve* avec rues bien alignées se coupant à angle droit, place au centre, deux églises aux deux extrémités opposées. Le terrain se trouvant ainsi déblayé, l'attention de Louis IX se porta essentiellement sur l'enceinte extérieure qu'il rempara de toutes pièces, s'attachant particulièrement aux défenses avancées des portes, élevant la Barbacane en demi-lune de la Porte Narbonnaise, la Grande Barbacane de la Porte d'Aude démolie en 1816, mais dont subsiste le terre-plein. C'est aux environs de cette dernière porte, mise en communication avec la Barbacane par des rampes fortifiées, que peut être le plus utilement étudié le système défensif du moyen-âge, si rationnel et si ingénieux en même temps que formidable. On allait au plus pressé, dans le désir de mettre au plus tôt la Cité à l'abri d'un coup de main.

Ainsi garanti par les défenses extérieures, Philippe-le-Hardi put à loisir réparer et agrandir l'enceinte intérieure. L'œuvre était terminée lorsqu'il mourut en 1285; il fut peu touché au Château, lequel n'avait guère souffert des attaques précédentes; cependant Viollet-le-Duc attribue à Philippe la construction de la barbacane qui commande l'entrée du Château dans l'intérieur de la Cité. Au surplus, la hâte avec laquelle procéda Louis IX se trahit suffisamment par un certain désordre dans l'assemblage des matériaux, à parements unis, disposés irrégulièrement et sans choix, tandis que la construction de Philippe, mieux pondérée, plus mûrie, présente un appareil mieux soigné, plus uniforme, avec des parements extérieurs d'un relief ou *bossage* souvent considérable.

Ces points essentiels bien posés, le visiteur n'a plus qu'à se laisser conduire ou à errer lui-même au gré de sa fantaisie. Une idée générale est nécessaire pour présider à la visite; mais combien n'est-il pas agréable de relever par soi-même les points de détail, de porter son attention plus particulièrement sur tel ou tel objet, selon qu'on est archéologue, ou curieux des questions militaires, ou simplement touriste amateur du pittoresque! A quelque point de vue que le visiteur se place, il est assuré de se trouver abondamment servi. — Voici la Porte Narbonnaise défendue par sa barbacane, agrémentée d'un *châtelet* crénelé et du buste de *dame Carcas*, légendaire marraine de la Cité; les deux tours colossales qui encadrent la Porte sont renforcées de *becs saillants*, éperons destinés à éloigner l'assaillant, à faire dévier le *bélier*, à présenter à la mine une plus forte épaisseur de maçonnerie. Engageons-nous dans l'avenue des *Lices*, sorte de boyau de largeur variable qui chemine tout autour de la forteresse, entre l'enveloppe extérieure crénelée ou *chemise* longue de 1.500 mètres, et la muraille intérieure hérissée de tours avec un circuit de 1.100 mètres seulement; l'archéologue en profite pour examiner curieusement le mode de structure, et noter les différences d'appareil que nous avons relevées plus haut. On fait ainsi le tour de la place, de la porte Narbonnaise à la porte d'Aude, et au delà, soit que l'on chemine en dedans des Lices, soit que, se hissant sur le parapet intérieur, on suive le faîte de la maçonnerie, à l'ombre des créneaux, traversant de part en part ou contournant au passage les tours de défense. Mainte masure trouva jadis commode de s'abriter dans les Lices, en s'appuyant extérieurement à la muraille intérieure; on a successivement dépossédé la majeure partie de ces hôtes incommodes; il en reste néanmoins quelques-uns encore à exproprier; le pittoresque y perdra peut-être, la salubrité et la régularité y gagneront.

La grande salle de la porte Narbonnaise est en voie de réparation; telle quelle, elle reçoit les deux cents congressistes, dans un pittoresque déjeuner. De ce côté, la défense était groupée et concentrée; à la porte d'Aude, elle est plutôt dispersée, disséminée en un luxe de rampes biaises se repliant plusieurs fois sur elles-mêmes pour aboutir aux Lices, se contournant une dernière fois avant d'atteindre la porte elle-même. L'une de ces rampes donne, avec le même luxe de précautions, accès au Château, puissant quadrilatère hérissé de tours, s'appuyant à l'enceinte intérieure et formant réduit de la forteresse. Là aussi avaient été, nous l'avons dit, accumulées toutes les ressources défensives de l'époque, en vue de conserver, sous la protection de la Grande Barbacane, libre communication avec la rivière d'Aude, soit pour les sorties, soit pour le ravitaillement en eau.

Nous abrégeons. Des volumes ont été écrits sur ce merveilleux appareil défensif; on a loué, avec grande raison, la restauration entreprise par Viollet-le-Duc; on l'a aussi quelque peu critiquée; nul homme ne saurait échapper à la controverse. Nous dirons, et tout le monde semble d'accord sur ces divers points, que l'éminent architecte a parfois cédé trop facilement à sa fantaisie et à son besoin de régularité, sans tenir suffisamment compte des époques : le Châtelet tout neuf, élevé au-devant de la formidable porte Narbonnaise, paraît bien grêle; la fortification a été trop uniformément rajeunie; dans une des tours même, le hourdage a été rétabli, à titre assurément de spécimen. Mais on critique surtout le mode de couverture de l'édifice : à part quelques tours carrées, crénelées, qui ont été respectées et laissées en l'état, la majeure partie des toitures étaient inclinées et pointues, les unes propres à recevoir armature en tuiles, et certaines d'entre elles étaient encore couvertes de cette façon à une époque point trop éloignée; d'autres, en raison de leur inclinaison, ne pouvant être garnies que de plomb ou d'ardoises. Tel n'était pas assurément le cas des tours d'origine wisigothe, puisque l'ardoise ne commença d'être en usage qu'au xie siècle dans le Nord de la France, et ne s'introduisit que tardivement dans le Midi; or actuellement, du fait de Viollet-le-Duc, toutes ces tours sont uniformément recouvertes en ardoises. L'anachronisme est non moins sensible pour le Château comtal, partie la plus ancienne de la construction féodale (xie-xiie siècles), et réduit de la défense, qui, au mépris de la vérité historique, — plusieurs d'entre nous ont encore vu les tours du Château couvertes en tuiles, — s'est vu, lui aussi, pourvu de cette armature uniforme.

Ainsi s'expriment les critiques que ne séduit point l'uniformité, qui blâment les restaurations à outrance, et qui préféreraient voir l'architecte se borner le plus souvent aux travaux nécessaires de déblaiement et de consolidation. L'École opposée loue Viollet-le-Duc de nous avoir restitué à Carcassonne le type de la forteresse moyen-âge, de même qu'à Pierrefonds il nous a rendu le spécimen accompli du château féodal. Entre ces deux systèmes, nous opterions volontiers pour le premier, et souhaiterions un plus ample respect des *témoins* architectoniques, lorsqu'on a la bonne fortune de les trouver encore debout; ceci, sans rien enlever au mérite de Viollet-le-Duc qui, tout considéré, a rendu à notre Archéologie nationale des services devant lesquels chacun doit s'incliner.

Du haut des murs de la Cité, la vue s'étend sur un superbe panorama, la ville tout entière de Carcassonne s'étalant en plaine, puis, au pourtour, un horizon de montagnes s'arrondissant en demi-cercle, depuis les Cévennes jusqu'aux cimes neigeuses des Pyrénées à l'extrême portée du regard. A l'intérieur des remparts, la petite bourgade de mille habitants est misérable, ne vit plus que de son passé, se dépeuple chaque jour : maisons délabrées, ruelles grimpantes le long desquelles se glisse quelque enfant ébouriffé ou quelque vieille au chef branlant. Au sommet de la Cité, sur une vaste esplanade contiguë à l'enceinte intérieure, s'élève l'antique église Saint-Nazaire, jadis cathédrale, dépossédée de sa dignité au profit de l'église Saint-Michel dans la ville neuve; l'esplanade est déserte, envahie par l'herbe parasite; ce qui fut jadis l'Évêché est à l'abandon; c'est le complet aspect de la désolation. Et cependant, de puissants souvenirs s'attachent à ce siège épiscopal; fondé au VIe siècle par saint Hilaire qui relève les semences jetées dès le IIIe par saint Saturnin, il voit sa première cathédrale surgir au Xe; elle était sans doute plus que primitive, ainsi que tous les édifices sacrés de cette lointaine époque; aussi ne dura-t-elle guère; le souvenir n'en est conservé que par la crypte et quelques chapiteaux.

La construction nouvelle fut entreprise à la fin du xie siècle. La façade occidentale longeait directement le mur d'enceinte, que n'avait pas encore agrandi l'angle puissant du sud-ouest; elle empruntait à cette situation un double caractère d'ouvrage défensif et de poste d'observation, et c'est le caractère que s'est efforcé de lui rendre Viollet-le-Duc dans sa restauration. A la façade, une haute muraille lisse soutenue par de puissants contreforts, percée d'ouvertures à la partie supérieure seulement, et couronnée de créneaux; à gauche (face au spectateur), formant poste avancé, une tour carrée percée de meurtrières, et reliée au corps principal par un arc cintré; aucune porte d'entrée à cette façade : la seule qui existât, fort étroite, a été très anciennement murée; tout dans la construction convergeait vers la défense. L'édifice roman se transforma à la fin du xiiie siècle, sous l'influence des idées et surtout de la domination nouvelles : l'hérésie albigeoise était vaincue, l'autorité du guerrier du Nord s'implantait, l'art gothique pouvait désormais, lui aussi, pénétrer et s'épanouir en pleine liberté. Une bonne partie du monument tomba pour faire place à une abside et à un transept visiblement imités de la Sainte-Chapelle de Paris; c'est donc une église mi-partie que nous possédons, et l'on s'est efforcé d'harmoniser le contraste entre la rébarbative façade occidentale et le joli clocher pyramidal du transept méridional.

A l'intérieur, c'est au chœur surtout que s'accuse la transformation : les vitraux revêtent un éclat de coloration inouï; les grandes roses du transept sont particulièrement remarquables, et éveillent le souvenir de Notre-Dame de Paris; la riche décoration du chœur se complète par un ensemble de statues d'un beau caractère. La pierre tombale attribuée à Simon de Montfort est contestée, bien qu'il soit certain que le guerrier, tué au siège de Toulouse, fut d'abord enseveli en l'église Saint-Nazaire de Carcassonne, pour être, cinq ans plus tard, transporté définitivement en l'abbaye des Hautes-Bruyères près de Montfort-l'Amaury; au surplus, elle ne présenterait qu'un intérêt historique. Mais un fragment de bas-relief en pierre encastré dans la muraille de la Chapelle Saint-Laurent se recommande plus particulièrement au visiteur : c'est l'attaque d'une place forte; l'assaillant tente de forcer les barrières extérieures; une partie de la garnison se défend derrière les palissades, tandis que d'autres assiégés, postés sur la muraille, font jouer une machine de guerre. Le personnage visé par la pierrière se trouvait dans la partie du bas-relief qui a disparu; malgré cette lacune, on a voulu y voir l'épisode de la mort de Simon de Montfort, tué en 1218 au siège de Toulouse par une pierre lancée d'un mangonneau que servaient des femmes; en effet, parmi les servants de l'engin, il est facile de relever deux silhouettes féminines. Le bas-relief est classique en archéologie, en raison des détails précieux qu'il fournit sur le costume et les engins de guerre du moyen-âge; aussi est-il entouré et examiné comme il convient, et ceci avec un empressement d'autant plus fructueux, qu'un maître, M. de Lasteyrie, est à point nommé présent pour nous en faire ressortir les détails et le mérite.

De la ville basse, nous dirons peu de chose, car tout pâlit devant l'attraction maîtresse de la Cité. Elle possède deux églises intéressantes, Saint-Michel et Saint-Vincent, toutes deux construites à la même époque que la ville neuve, c'est-à-dire vers la fin du règne de saint Louis, toutes deux présentant le type architectural habituel en Languedoc, en Roussillon, voire même en Catalogne, d'une seule et vaste nef flanquée de chapelles avec contreforts intérieurs contrebutant la maîtresse voûte; transept à peine accusé, et chœur avec une ou trois absides sur plans parallèles; la voûte en arcs d'ogive y a remplacé la voûte d'arêtes romane. Notons, en ce qui concerne particulièrement Saint-Vincent, que c'est une des églises méridionales à une seule nef les plus remarquables par leur largeur : avec ses 20^{m}26, elle prime Saint-Étienne de

Toulouse qui n'a que 19 mètres, et n'est dépassée que par l'ancienne cathédrale de Mirepoix, laquelle atteint 21^{m}60.

Le Midi de la France, nous dit Viollet-le-Duc (*Dictionnaire de l'Architecture*, t. I, p. 227), avait été épuisé par les guerres de religion des XIIe et XIIIe siècles ; il ne pouvait plus produire que de pauvres édifices. En adoptant l'église à une seule nef, sans bas-côtés, comme type de ses monuments religieux, il obéissait à la nécessité, ce mode de construction étant beaucoup moins dispendieux que celui des églises du Nord avec leurs transepts, leurs collatéraux, leurs chapelles rayonnantes autour du chœur, et tout leur luxe architectural. De plus, le souvenir des guerres civiles faisait donner à ces édifices religieux l'aspect de constructions militaires, et beaucoup d'entre eux étaient réellement fortifiés. Nous relèverons ces deux préoccupations d'économie et de sécurité tout le long de notre excursion méridionale.

Quant à la ville même, elle n'a guère pour caractéristiques que sa place centrale carrée, ses rues longues aménagées en damier suivant le type de la *ville neuve* ou *bastide*, ces mêmes rues protégées par leur étroitesse contre l'ardeur du soleil, comme il convient à la région.

La contrée de l'Aude comporte d'autres attractions, parmi lesquelles Narbonne se place au premier rang. D'une population presque égale à celle du chef-lieu, la ville emprunte au commerce des vins une haute importance économique. Sise à peu de distance de la mer, dont la sépare le haut massif rocheux dit des Montagnes de la Clappe, elle fut jadis un des ports les plus fréquentés de la Méditerranée, grâce à la dérivation de l'Aude dont les Romains avaient détourné le cours pour le faire aboutir à Narbonne, d'où il gagnait les étangs et débouchait dans la mer. Mais plus tard et successivement, le rivage recula, les *graus* s'ensablèrent, la lagune s'appauvrit; au xive siècle enfin, par suite d'une rupture de digue qui fit reprendre au fleuve son cours antérieur, Narbonne vit son bassin s'ensabler, et le mouvement maritime dut se transporter au petit port voisin de la Nouvelle, où il est demeuré. On a tenté de porter remède à cette situation fâcheuse en conduisant à Narbonne une dérivation du Canal du Midi, le Canal de la Roubine, et en la prolongeant jusqu'au port de la Nouvelle, entre les étangs de Gruissan et de Sigean; mais ce palliatif est insuffisant, et le commerce de Narbonne se restreint surtout à la production locale, celle des vins, laquelle est extraordinairement abondante.

L'aspect général de la ville est opulent; une bruyante animation règne le long du canal, sous les beaux ombrages de la promenade. Mais Narbonne a d'autres mérites qui nous attirent tout particulièrement : choisie comme centre administratif par les Romains lors de l'établissement de la Province, elle était traversée par la Voie Domitia qui, d'Arles, se dirigeait vers la frontière d'Espagne; elle possédait un Capitole, un Forum, des temples, soit tous les éléments d'une grande ville provinciale, avec le luxe d'ornementation habituel aux monuments de cette époque. Au ve siècle, lors de la grande invasion des Barbares, ces brillants édifices et les statues qui les décoraient fournirent, comme il est arrivé trop souvent en Gaule, les éléments principaux des fortifications construites hâtivement. Plus tard, des ruines de ces remparts et du sous-sol lui-même, ont été tirés les merveilleux fragments qui font actuellement la richesse des musées de Narbonne.

L'un de ces musées est celui de l'Hôtel-de-Ville dans lequel ont été réunis de nombreux objets, ceux qui, au point de vue artistique, ont le mieux conservé leur individualité, soit des statues, et particulièrement deux mosaïques, dont l'une représente la Bacchante Ambrosia métamorphosée en cep de vigne par la protection de Bacchus, pour échapper aux poursuites du roi de Thrace Lycurgue. — Mais le plus intéressant est sans contredit le musée de Lamourguier, installé dans la vieille église de ce nom, à nef unique non voûtée, bordée de petites chapelles rectangulaires que séparent les unes des autres une série de contreforts; le chœur voûté d'ogives comprend une travée droite et un chevet à sept pans, bordé d'un même nombre de chapelles. L'attraction, au surplus, réside tout entière dans la nef, laquelle est coupée dans le sens de la longueur par huit rangées archéologiques en forme de murailles, toutes formées de blocs de pierre recouverts de dessins et d'inscriptions. Or, ces blocs proviennent dans leur généralité des remparts de Narbonne, ainsi que le signalait jadis Mérimée, dans son *Voyage dans le Midi de la France* : « Les murailles de Nar« bonne, disait-il, sont comme un musée en plein « air; on est tout étonné d'apprendre que c'est « François Ier, le protecteur des arts, qui a fait « élever les fortifications de la ville avec les débris « de ses édifices romains ; il faut rendre cette jus« tice à l'ingénieur royal, qu'il a placé la plupart « des inscriptions de manière à être lues, qu'il n'a « retourné ni détruit les bustes et les bas-reliefs... « Ce barbare n'était donc pas tout-à-fait un igno« rant, et il raisonnait sa barbarie. »

En 1868, à la séance de Congrès tenue à Narbonne par la Société Française d'Archéologie, on émettait le vœu de l'achèvement de la Cathédrale; or, à ce moment même, il était procédé à la démolition de l'enceinte fortifiée de la ville, et l'on se demandait quelle serait la destination des trois ou quatre mille débris encastrés dans les courtines. Un archéologue ingénieux suggérait l'idée de se servir de ces débris pour constituer la façade de la cathédrale, affirmant que ces pierres ainsi utilisées formeraient la première et magnifique page de l'histoire de Narbonne. L'idée était bizarre assurément : convertir une façade d'église en un colossal *memento* de la civilisation antique, ou mieux encore en un gigantesque jeu de patience ! Il y avait là du moins une façon de préserver ces précieux débris. On trouva mieux, et c'est le résultat de cette disposition nouvelle que nous sommes appelés à juger en l'église de Lamourguier.

L'ensemble est colossal et produit un grand effet. Le visiteur chemine le long de ces rues factices, déchiffrant un peu au hasard les inscriptions, lesquelles proviennent en majeure partie de monuments funèbres, relevant les scènes de la vie civile, religieuse et militaire, les dessins d'armes, de navires, de meubles : ici, une troupe passe une rivière à gué devant l'ennemi ; là, une élégante jeune femme s'active à sa toilette, un musicien taquine sa lyre, un bouvier conduit son char rustique, des magistrats sont assis sur leur siège au tribunal, etc. Les chapelles latérales, le chœur, ont été garnis des monuments pouvant être isolés. — Ce musée de Lamourguier est, on peut le dire, unique en France comme reflet de la vie romaine ; celui d'Arles, si renommé, est assurément plus gracieux, plus artistique, mais l'ensemble réuni à Narbonne présente une plus haute valeur documentaire. Il fait grand honneur au savant modeste, M. Thiers, qui l'a composé; malheureusement il est menacé de dispersion à bref délai : la question de démolition de l'édifice est à l'ordre du jour, et le décrochement fort accentué que présentent certaines parties de la nef au-dessus de nos têtes, semble justifier cette mesure fâcheuse. Détruira-t-on ? Essaiera-t-on simplement de consolider ? en tout cas, il y a urgence de pourvoir, et de préserver de tout accident cet ensemble infiniment précieux (1).

Le colossal Palais des Archevêques revêt extérieurement l'aspect d'une forteresse : à la façade, trois tours carrées des XIIIe-XIVe siècles, dont la plus grosse, noire et rébarbative, appareillée en bossage, est flanquée d'échauguettes octogonales à la partie supérieure; entre deux des tours, Viollet-le-Duc a construit et aménagé l'Hôtel de ville, dans le gracieux style du XIIIe siècle. En équerre avec la grosse tour se dresse la façade latérale de l'Archevêché, de laquelle saillissent deux tours demi-circulaires. Un cloître mutilé relie le Palais à la Cathédrale.

Celle-ci serait gigantesque, si elle eût été achevée. Commencée à la fin du XIIIe siècle, — la première pierre fut posée en 1272, — elle marque la main-mise du génie septentrional sur les provinces méridionales depuis peu de temps soumises au

---

(1) Quelques jours après notre visite, en effet, une des voûtes s'effondrait, au grand dommage des pierres formant la collection du Musée.

Roi. L'édifice eut pour architectes, au début, des hommes du Nord, propagateurs du style gothique; son plan offre avec celui des cathédrales de Clermont et de Limoges, de la même époque, de frappantes analogies. Narbonne devait ainsi posséder un monument qui marquât l'anéantissement de l'art roman, art désormais vaincu, disgracié, et qui proclamât bien haut le renouveau politique et artistique introduit par les hommes du Nord; ce monument devait être en même temps la plus belle cathédrale gothique du Midi de la France. Malheureusement le chœur seul fut terminé, et il constitue à lui seul la presque totalité de l'édifice; présentant une élévation de 40 mètres sous voûte, il est ceint d'une haute clôture, et entouré d'un déambulatoire avec chapelles. L'impression est grandiose, en face de cette prodigieuse élévation. Dans le détail, la clôture du chœur mérite de fixer l'attention. Elle est formée en bonne partie de tombeaux de prélats, celui du Cardinal Briçonnet, et surtout celui de l'Évêque Pierre de la Jugie, un gracieux édicule soutenu par de fines colonnettes, avec haut soubassement orné de statuettes de chanoines; le gisant a été transporté au musée de Toulouse.

Ailleurs, une *Mise au tombeau* du XVIe siècle, présentant l'ordonnance habituelle telle que nous l'exposions l'an dernier *(Un voyage de quinze jours au cœur de la vieille France)*, à propos du Sépulcre de Tonnerre : de face, la Vierge que soutient et console saint Jean, accostés de deux comparses; de profil, aux deux extrémités, les deux vieillards tenant les bords du linceul; et, flanquant latéralement la scène, comme un ressouvenir du Sépulcre de Châtillon, les deux hommes d'armes dans le riche harnais de bataille de la Renaissance. — Le groupement des personnages est conforme au *canon* adopté (V. Emile MALE, l'*Art français de la fin du moyen-âge, Revue des Deux Mondes,* 1er octobre 1905), avec cette petite différence toutefois que le groupe, se présentant de face, ne contient que quatre figures au lieu de cinq. Au surplus, et malgré cette asymétrie qui aurait pu être gênante, la Vierge constitue bien ici le centre du groupe; elle est le pôle d'attraction; c'est assurément sur cette physionomie voilée, inclinée, abîmée dans une douleur profonde, que se porte tout d'abord l'attention, sauf à revenir ensuite et définitivement sur le cadavre du Christ. — Combien serait intéressant un travail qui, après avoir posé les principes généraux comme l'a fait Ém. MALE dans l'article précité, grouperait et différencierait les *Mises au tombeau* connues et suffisamment artistiques, en faisant ressortir la caractéristique de chacune d'elles ! Combien, une fois de plus, nous regrettons que l'œuvre entreprise il y a quelques années par M. l'abbé Bouillet, ait été interrompue par la mort de l'auteur !

C'est au dehors surtout qu'il convient d'examiner la cathédrale de Narbonne, pour voir ce qui a été fait, et apprécier ce que nous devons regretter.

— Les couvertures des bas-côtés sont constituées par un dallage presque horizontal, procédé essentiellement méridional, mais que Viollet-le-Duc pense n'avoir dû être que provisoire. Les chapelles sont couronnées d'un parapet plein avec meurtrières; les culées des arcs-boutants ont reçu un couronnement très particulier: elles se terminent en des tourelles crénelées, reliées entre elles par de grands arcs également crénelés qui passent d'un contrefort à l'autre. Il y avait là évidemment une préoccupation militaire, un souvenir des traditions locales, et l'on estimait que la Cathédrale pouvait encore être appelée, comme à Béziers, comme à Albi, à jouer son rôle dans la défense de la ville; l'abside en effet se rattachait aux fortifications de l'Archevêché, et contribuait du côté nord à la défense du Palais.

On fait le tour de cette abside monumentale qui, avons-nous dit, constitue presque à elle seule l'église, et telle est son importance, qu'on oublie volontiers l'inachèvement de l'édifice. Depuis 1341, époque à laquelle le chœur était complet, presque rien n'a été tenté en vue de poursuivre l'œuvre; les deux tours carrées qui flanquent l'informe façade actuelle, furent élevées au xve siècle; on amorça le transept, puis on s'endormit jusqu'au début du xviiie, époque à laquelle on reprit la pose des assises. Au XIXe de même, et sous l'influence de Viollet-le-Duc, quelques tentatives furent faites dans le sens de l'achèvement; on ménagea dans le carré du transept une sorte de couloir qui relie les deux collatéraux, et ce fut tout. Actuellement, au sortir de l'église, le regard se heurte à de gigantesques massifs de pierre, des murailles, des contreforts, des arceaux qui représentent les amorces de la continuation du sanctuaire dans le sens de la nef; *pendent opera interrupta*; et l'on s'explique mal ces fragments architecturaux remontant à quarante ans à peine, qui, sans avoir reçu la patine du temps, affectent déjà la forme de ruines. A-t-on reculé devant l'énormité de la dépense ?... Quoi qu'il en soit, l'impression est fâcheuse, et peu digne de notre bonne renommée artistique.

La vieille église Saint-Paul-Saint-Serge, romane à l'origine, fut remaniée aux siècles suivants dans le style ogival avec des influences normandes. Précédée d'un clocher-porche qui est demeuré inachevé, elle comprend une nef sans collatéraux, un transept non saillant, un chœur avec déambulatoire et chapelles rayonnantes. La voûte du déambulatoire ayant été considérablement surélevée, on put percer une fenêtre au-dessus de l'entrée de chacune des chapelles; cette voûte se soutient par l'épaisseur même des murs que renforcent de gros massifs de maçonnerie établis, à défaut de contreforts, entre les chapelles rayonnantes. Les chapelles sont elles-mêmes réunies sous un comble unique en appentis.

La vénérable église présente, par les détails de sa construction et de ses remaniements, un intérêt archéologique que nous ne pouvons qu'effleurer. Quelques vieilles demeures lui font cortège, en ce quartier reculé où ne pénètre guère l'animation qui nous frappait l'instant auparavant; l'une d'elles a une importance historique, la *Maison des Trois-Nourrices*, où serait descendu Molière lors de la tournée qu'il fit, de 1653 à 1658, dans le midi de la France (1). C'est une charmante habitation Renaissance, formant l'angle de deux rues, et présentant sur chacune d'elles une fenêtre remarquable; celle qui a conquis plus particulièrement la faveur populaire est encadrée de deux cariatides dont le buste sort d'une gaîne cannelée; le linteau, orné de consoles feuillagées et de têtes de lions reliées par des guirlandes de fruits, repose sur trois cariatides de même style, mais plus petites. Les archéologues voudraient voir dans ces trois dernières l'emblème de Diane trismégiste; mais leur ample décolletage justifie l'appellation qui, en dehors de toute controverse scientifique, a prévalu dans le vulgaire.

(1) On conserve précieusement à Pézénas un fauteuil à bras où s'asseyait habituellement Molière, dans l'officine du barbier Gelly, pendant les séjours qu'il fit à la même époque en cette petite ville.

Après Carcassonne et Narbonne, deux pièces capitales, et avant d'aborder Perpignan, seconde étape du Congrès, la bande archéologique n'a plus qu'à glaner dans le département de l'Aude ; mais ces glanures sont encore précieuses, surtout lorsque l'une d'elles porte le nom de Fontfroide.

La célèbre abbaye est située à 14 kilomètres de Narbonne, au fond d'une gorge sauvage ; des collines de sable en forme de dunes, des crêtes rocheuses semées de rares buissons la séparent de l'étang de Sigean, autre solitude. Le site était bien choisi, suivant le rite cistercien : un désert où ne devait pénétrer aucun bruit du dehors ; mais il y manque l'eau, *fons frigidus*, ou, du moins, le ruisseau tari ne manifeste-t-il plus son influence que par la pousse de quelques joncs. Fondée en 1093 sous la règle de saint Benoît, Fontfroide s'affilia en 1143 à l'ordre de Cîteaux, et demeura dans cette dépendance jusqu'à la Révolution ; la tradition, alors brisée, fut rétablie en 1858 ; nous l'avons vu interrompre de nouveau de nos jours, et le désert, si longtemps vivifié, a repris son attitude léthargique. Nous errons dans l'église abandonnée, dans le cloître et les cellules où gisent çà et là quelques épaves, trahissant un départ précipité ; la tristesse et la mort partout, et plus encore en ce modeste cimetière où, parmi les croix de bois, pousse à foison l'herbe folle..... L'archéologue doit s'arracher à ces funèbres pensées, et, oubliant les temps présents, dégager la leçon scientifique que lui donnent l'édifice et ses annexes.

L'église, de style roman, est voûtée en berceau brisé; le plein cintre, en effet, n'est point la caractéristique rigoureuse de l'art roman; il est bon de se pénétrer de cette vérité, et de se garder de tout exclusivisme, puisque, nous l'avons dit ailleurs, la brisure de l'arc puise son origine beaucoup plus dans des motifs de solidité que dans des tendances artistiques. La décoration est très simple, et reflète au plus haut degré l'idée cistercienne; deux vitraux colorés, évidemment modernes, détonnent dans la rigidité monastique du verre blanc. Nef à cinq travées, pourvue de collatéraux; au sud s'ouvrent trois chapelles voûtées d'ogives, de construction postérieure; chevet à cinq pans flanqué d'absidioles, lesquelles s'alignent sur des plans exactement parallèles au chevet. A la façade, une porte en plein cintre, deux fenêtres et une rose; corniche trahissant une influence bourguignonne par la structure de ses modillons en quart de cercle; petit clocher hexagonal au-dessus du croisillon nord. Telle est, avec la sécheresse des notes prises dans la précipitation d'une trop courte visite, l'aperçu architectonique d'un édifice dont toute l'importance s'efface devant celle du cloître voisin.

Le cloître du XIIIe siècle est voûté d'ogives, tout en conservant, comme l'église, les caractères de l'époque de transition. Les quatre galeries du pourtour, bien qu'enceignant une surface exactement carrée, ne sont point rigoureusement semblables les unes aux autres ; l'une, celle de l'est, a cinq travées ; les trois autres n'en possèdent que quatre. Elles reposent sur des piles cantonnées de colonnettes ; entre les piles se développe une claire-voie formée d'une large arcature en tiers-point, laquelle encadre tantôt trois, tantôt quatre arcades cintrées surmontées d'un ou de trois *oculus*. On voit combien est grande la diversité dans le détail et la construction. Les colonnettes jumelles soutenant les arcades intérieures sont en marbre blanc, d'une légèreté ravissante, surmontées de chapiteaux au feuillage finement ciselé. Mais la diversité dont j'ai parlé s'étend même à ces colonnettes : j'en relève une qui présente un aspect polygonal avec cannelures, et même, à l'une des travées, par mesure de solidité peut-être ou d'économie, elles ont été uniformément remplacées par de simples piles carrées. Le préau, sous lequel s'étend une citerne, déjà envahi par la végétation, revêt l'apparence d'un hallier au milieu duquel se dresse une blanche statue de la Vierge ; et au pourtour supérieur, couvrant la galerie du cloître, règne un promenoir dallé sur lequel prennent lumière, et le premier étage du monastère, et le bas-côté nord de l'église. De ce dernier côté court une frise très simple, soutenue par des modillons en pointe de diamant.

La Salle capitulaire du xii⁰ siècle ouvre sur la galerie orientale du cloître par trois arcades cintrées, soit une large claire-voie recevant air et lumière, comme pour indiquer, suivant la tradition, que tous les moines devaient, en certains cas, assister aux délibérations ; des bancs de pierre existent encore sur trois côtés. Les neuf voûtes d'ogives à gros boudins, séparées par des arcs en plein cintre, retombent au centre sur quatre colonnettes de marbre blanc; elles sont surbaissées, et affectent dans l'ensemble, malgré la gracilité des colonnes, un certain caractère de lourdeur. Telle est, du moins, notre impression à l'aspect immédiat.

Et l'on revient fatalement, comme en un lieu propre à la méditation, au cimetière modeste et exigu, et mieux encore, au terre-plein en forme de terrasse qui s'élève en arrière, au-dessus du monastère. L'ensemble s'en étale à nos pieds comme en une sorte de cuvette ; l'église le domine de sa masse, projetant en avant de nous son abside et ses absidioles, celles-ci bien gracieuses dans leur exiguïté, mais déjà envahies par les ronces dont rien ne vient plus refréner le fol essor. Latéralement à l'église, le cloître dont nous dominons et distinguons nettement la claire-voie orientale ; puis les vastes bâtiments d'exploitation, reconstruits aux xvii⁰-xviii⁰ siècles, et conservant encore quelques parties anciennes; tout cela jadis animé par un important train de culture, car le Cistercien n'avait pas coutume de demeurer oisif...

Il faut nous arracher à cette contemplation pour rentrer dans la vie réelle ; mais, dans nos glanures archéologiques de la région de l'Aude, nous n'en rencontrerons plus qui aient l'importance de Fontfroide, et soient, à un degré semblable, éminemment suggestives. — Caunes, Rieux, petites cités d'un petit pays, le Minervois, au nord-est de Carcassonne ; à Caunes, petit bourg accidenté, aux ruelles étroites et rocailleuses, l'église, jadis abbatiale, d'époques diverses, présente un porche saillant, de forme carrée, ouvrant en plein cintre sous trois épaisses voussures ornées de gâbles, de fleurons, de têtes d'animaux, lesquelles voussures reposent sur six colonnes effritées par le temps. L'édifice est en contrebas ; un escalier en pente rapide, enclos sous le porche, lui donne accès ; nef gothique de six travées, transept et gracieuse abside romane avec voûte en cul-de-four. Le clocher carré, isolé de l'église, a trois étages de fenêtres romanes ; l'abside, à l'extérieur, est richement ornée ; treize arcatures l'entourent, reposant sur des pilastres ; elle est elle-même couverte d'une toiture conique, et surmontée d'un toit à deux rampants servant à abriter la travée du chœur, ce qui simule deux étages en retrait l'un de l'autre. — La bourgade offre au visiteur diverses attractions et surprises par ses vieilles maisons, ses restes d'enceinte; mais il faut chercher, s'ingénier; l'indigène est peu au courant de ses richesses archéologiques, ou, du moins, il ne les apprécie pas à leur valeur, et l'archéologue qui les découvre le laisse parfois sceptique.

L'église de Rieux, de la fin du xie ou du commencement du xiie siècle, est d'un type fort rare et original, et le kilomètre que depuis la gare doit faire à pied le visiteur, est amplement racheté par l'intérêt de l'édifice. C'est essentiellement un sanctuaire à sept pans inscrit dans un polygone de quatorze côtés et de dix mètres de diamètre, et surmonté d'une coupole ovoïde. Le type rentre dans celui des rotondes à collatéral circulaire imitées du Saint-Sépulcre de Jérusalem, comme à la Chapelle palatine d'Aix (Prusse rhénane), à la crypte de Saint-Bénigne à Dijon, à Neuvy-Saint-Sépulcre près de Châteauroux, et d'une manière générale dans les chapelles de l'Ordre du Temple, comme nous le vîmes l'an dernier à Laon. La coupole est enserrée dans un clocher heptagonal, percé de baies géminées en plein cintre, remanié à l'époque gothique, et postérieur en tous cas à la construction primitive. Tout cet ensemble infiniment précieux par l'étrangeté de sa construction, mais en mauvais état d'entretien, est enclavé dans des bâtiments vulgaires. De même, à l'extrémité d'un vieux pont jeté sur un vague cours d'eau, se dressent, pressées par les masures du village, des tours rondes qui furent jadis le château, et dont nous ne pouvons que saluer la grandeur déchue.

Moins resserrée, moins opprimée, se présente à nous l'église jadis abbatiale de Saint-Hilaire, en un gros bourg dévalant le long de la route. De son haut perron l'édifice domine la chaussée; il appartient à la période de transition : nef unique voûtée d'ogives, transept flanqué de deux absidioles dont l'une est bouchée, chœur voûté en cul-de-four. L'abbaye, d'origine mérovingienne, fut fondée au VI° siècle par saint Hilaire, premier évêque de Carcassonne, qui la dédia à saint Saturnin (ou saint Sernin), apôtre de la province; le nom du fondateur supplanta bientôt celui du martyr auquel l'édifice était voué; toutefois le souvenir de ce dernier revit sur les faces du tombeau de saint Hilaire, conservé au transept, et il se traduit par une série fort dramatique de scènes représentant le martyre de saint Saturnin : la prédication, les violences, le supplice du confesseur entraîné dans les rues de Toulouse par un taureau furieux. La sculpture du XII° siècle rappelle par certains caractères de dureté celle du cloître de Moissac. — Le cloître, du XIV° siècle, mérite d'être signalé, dans une contrée où nous relèverons de ce chef les plus beaux spécimens; il est à arcades ogivales, continues et identiques, sans meneaux, soutenues par des colonnettes doubles non accolées, mais dont les bases sont prises dans un seul bloc de pierre (motif que nous relèverons plus d'une fois dans la région pyrénéenne), ces colonnettes supportant des chapiteaux géminés à feuillages réunis par une tête d'homme ou d'animal. — Ce cloître, dans une bourgade rarement signalée aux archéologues, nous charme par la régularité de ses arcades, la sveltesse de ses colonnettes; il offre avec celui d'Arles-sur-Tech, que nous verrons dans quelques jours, de frappantes ressemblances. L'église a conservé quelques pièces du trésor abbatial, des peignes liturgiques, des reliquaires, une crosse en ivoire qui passe pour être celle de saint Hilaire; et au palais abbatial devenu modeste presbytère, nous relevons encore une belle cheminée, une salle à poutrelles de plafond saillantes, décorées de peintures; toutes épaves d'un passé qu'il est permis de regretter, sans porter pour cela la question sur le terrain politique ou social.

Une constatation qui nous frappe au cours de notre visite dans cette région du Minervois, et que nous aurons lieu de répéter pendant notre voyage, c'est la supériorité des artistes du Midi sur ceux du Nord pendant la période romane, et l'importance que revêtaient dans cette période les édifices religieux en des localités même de faible importance. L'époque la plus florissante de l'architecture du Midi de la France s'étend du xie au xiie siècle; et même au xe, l'obscurité intellectuelle qui couvrait le Nord et semblait présager la fin du monde, n'eut pas dans le Midi la même intensité. Cela tient au voisinage de l'Italie, où les modèles classiques n'avaient jamais été oubliés complètement; cela tient aussi à l'analogie du climat entre les deux pays; les artistes méridionaux eurent ainsi les dernières clartés de la décadence romaine, et les premières lueurs de la Renaissance. Mais, après le XIIe siècle, la civilisation méridionale brusquement troublée par la guerre des Albigeois, foulée et écrasée par l'homme du Nord, perd son originalité; elle décroît à mesure que la civilisation septentrionale grandit; *ceci tuera cela*, et l'architecture ogivale, implantée brusquement dans le Midi de la France où elle était étrangère, n'y prit jamais le développement qu'y avait acquis l'architecture romane, naturelle, je dirai même nationale à la région. Le fait est non moins vrai pour la littérature, et ce que je viens de dire n'est que la paraphrase et la justification de l'idée déjà émise à l'occasion de la Cathédrale de Narbonne, et des églises Saint-Michel et Saint-Vincent de Carcassonne.

Nous quittons Carcassonne, non sans regrets, mais l'archéologue, nouveau Juif-Errant, doit se remettre en marche. Perpignan est aujourd'hui notre objectif, encore ne l'atteindrons-nous point par la ligne directe, celle toute prosaïque du chemin de fer; nous allons décrire à l'ouest, vers les Corbières, un profond arc de cercle qui, par le chemin des écoliers, nous conduira au but, et nous fera goûter au passage de nouvelles attractions.

C'est d'abord la note archéologique qui prévaut, au petit bourg d'Alet, jadis évêché, aujourd'hui modeste station balnéaire de 800 habitants. Je n'aborde jamais sans émotion ces petites cités épiscopales, qui eurent au moyen âge et jusqu'à la Révolution leur contingent de célébrité, je n'ose dire de vitalité, et qui aujourd'hui, depuis plus d'un siècle, sommeillent et ne recueillent plus, comme bénéfice, que la visite de quelque archéologue : Riez, Vence, Senez, Glandèves au fond de la Provence; Alet, Elne, Mirepoix, Saint-Papoul, Rieux (Haute-Garonne), Saint-Lizier, Saint-Bertrand-de-Comminges vers les Pyrénées. Le plus souvent, pour les atteindre, le visiteur doit se détourner des chemins battus; mais combien n'est-il pas récompensé par quelque découverte imprévue, ou simplement par l'antithèse si reposante entre la modeste bourgade vivant de son passé, et la grande ville agitée, tout entière aux préoccupations du lendemain ! C'est là la philosophie des voyages, et ce sentiment, l'Archéologie aide à le goûter pleinement.

L'abbaye d'Alet fut fondée en 813. La première église abbatiale, du xie siècle, céda bientôt la place à un édifice du xiie. En 1327, l'abbaye est érigée en évêché; elle subit en 1577 les attaques des Huguenots qui ruinent l'église; celle-ci n'a point été relevée. Ce sont donc des débris seulement que nous venons contempler, mais des débris de flère mine, des pans de murs, un fragment de collatéral resté debout, le tout permettant de restituer, dans ses éléments essentiels, la physionomie de l'édifice. Le chœur en est la partie la mieux conservée : il est encore encadré par deux colonnes et un arc en plein cintre; ses cinq pans coupés correspondent à ceux de la voûte en cul de four; comme au Baptistère de Saint-Jean du Puy, des niches arrondies s'ouvrent dans l'épaisseur du mur, et reçoivent jour par des fenêtres en plein cintre pratiquées au fond des niches. L'abside en effet, en bordure de la rue principale, est demeurée presque intacte; elle est charmante, et garde l'empreinte d'une influence provençale, héritière directe de l'art romain. Les contreforts saillants portent une demi-colonne épaisse et courte; le soubassement est garni d'arcatures, les unes cintrées, les autres tréflées, surmontées de dents de scie et retombant sur de longues colonnettes; la toiture, dans les interstices de laquelle se glisse l'herbe folle, se compose de dalles de pierre superposées en cône. On a voulu voir, dans ce chevet ravissant, un fragment d'un temple de Diane, dont une inscription du musée de Toulouse révèle l'existence à Alet.

L'église paroissiale, toute voisine, est une nef languedocienne du xiv® siècle.

Et les archéologues de se disperser au gré de

leur fantaisie, notant quelque vieille maison à la petite place ombragée qui marque le centre du bourg; enfilant une sombre ruelle aux demeures branlantes, noircies par le temps, qui les conduit à l'antique Porte du Nord; s'activant à la recherche des cartes postales, la joie et le fléau de notre époque; ou bien encore, déprimés par la chaleur, ils viennent s'asseoir à la devanture d'un modeste café pour savourer un produit local, la célèbre *blanquette* de Limoux.

Ceux qui, plus courageux, continuent leurs investigations, ne tardent pas à être récompensés. Un beau jardin s'ouvre à eux, ombragé d'arbres séculaires; au fond se dresse une longue façade, maison à un seul étage avec galerie centrale et, aux ailes, deux corps de logis symétriques l'un à l'autre, quelque chose comme une pacifique gentihommière du xviiie siècle; ce fut la demeure épiscopale, que notre luxe moderne hésiterait à qualifier de palais, et où résidaient cependant les prélats de bonne noblesse, parmi lesquels se recrutait en majeure partie le haut clergé à la veille de la Révolution. A vrai dire, ils ne *résidaient* pas toujours, et ce fut à leur endroit le grand grief. On a formulé contre ces prélats mondains d'autres reproches; certains peuvent se trouver justifiés; il convient toutefois de séparer le bon grain de l'ivraie, et de reconnaître que, si plus d'un évêque subissait l'influence fâcheuse du temps, d'autres aussi, et ces derniers en plus grand nombre, donnaient l'exemple de toutes les vertus. En tout cas, l'Histoire impartiale concèdera qu'à ce clergé peut-être un peu trop de son siècle, ne manquèrent ni les tristesses de l'exil ni les palmes du martyre, et qu'il sut endurer les unes avec dignité, cueillir les autres avec héroïsme.

L'ameublement intérieur a été respecté : point de luxe, quelques meubles de l'époque, des bibelots, faïences, ornements de cheminée ou d'étagère, des portraits de prélats au milieu desquels rayonne la grande figure de Bossuet ; un mandement encadré par lequel Mgr de la Cropte de Chantérac, évêque-comte d'Alet, recommande aux prières de ses diocésains l'enfant dont doit accoucher prochainement la reine. Le mandement est daté du 17 mai 1786 ; il est précédé d'une lettre du roi en date du 30 avril même année, adressée à *Mons. l'Evêque d'Alet, Conseiller en mes conseils,* ladite lettre sollicitant *collecte* ou prière particulière. Cet enfant fut le quatrième et dernier de Louis XVI, Sophie-Hélène-Béatrix, 1786-1787 (1).
— Enfin, une bibliothèque trompe-l'œil où sont figurés par des dos cartonnés et..... vides, tous les ouvrages théologiques dont devait, à l'époque, se composer l'arsenal d'un Père de l'Église ; on

---

(1) Nous devons à l'obligeance de M. l'abbé Ruffié, curé-doyen d'Alet, copie de ce document intéressant comme reflet de l'époque, que nous reproduisons *in fine.*

pourrait en tirer conséquence fâcheuse pour le labeur intellectuel des prélats, si nous ne savions (renseignement fourni par M. le curé-doyen d'Alet) qu'un inventaire, conservé aux archives départementales de l'Aude et dressé à la mort de Mgr Bocaud, évêque d'Alet, en 1783, contient un catalogue détaillé, avec prix, des livres composant la bibliothèque de l'évêché, et que ce catalogue occupe 264 pages du procès-verbal d'inventaire.

A Quillan, nous abordons la région tourmentée des Gorges de l'Aude. Une voie ferrée, ouverte depuis peu de temps, établit la jonction entre les hautes vallées de l'Aude et de l'Agly ; mais, en voiture, le trajet charmera davantage. Et la bande de cent congressistes de s'entasser dans une douzaine de véhicules, breaks, omnibus, chars, landaus qui, sur la route poussiéreuse, produisent le plus singulier effet. Le trajet est pittoresque à souhait : le cours d'eau, encaissé entre des parois de ravine rocheuse, court en se brisant et en écumant ; de haut, la route le surplombe, tandis que la voie ferrée se tord au flanc de la montagne, pour disparaître incessamment sous quelque tunnel. Le défilé de Pierre-Lys est le point culminant de ce charmant et trop court trajet : la gorge se ravine et se resserre de plus en plus ; les roches s'escarpent davantage encore, au point de devenir perpendiculaires, affectant en leurs cimes dentelées les formes les plus bizarres ; il n'y a plus passage que pour le torrent furieux. Tunnel pour le chemin de fer, tunnel pour la route au *Trou du Curé*, dans lequel s'engouffrent nos véhicules, tandis que la roche évidée laisse entre elle et le torrent un étroit passage qui fut jadis le chemin muletier. Encore une région de notre France trop peu connue jusqu'à ce jour, et qui, au point de vue pittoresque, ne le cède guère à d'autres tant vantées... Mais le charme cesse au sortir de Pierre-Lys, la gorge s'élargit, devient vallée ; à Axat, nous remontons dans le train.

Par la vallée de l'Agly, où nous descendons maintenant, nous abordons le département des Pyrénées-Orientales ; la chaleur est intense, en cette fin de Mai, mais ne sommes-nous pas dans la région la plus méridionale de notre pays ? En Espagne même, où le démon du voyage nous entraînera les jours suivants, nous ne ressentirons point semblable chaleur. A Saint-Paul-de-Fenouillet, nous enjambons le cours de l'Agly ; quelques kilomètres plus haut, il sort d'une gigantesque crevasse, les Gorges de Galamus, et se fraye passage à 135 mètres en contrebas de la route, soit une attraction pittoresque qui, le dimanche suivant, entraînera plus d'un des nôtres. La masse neigeuse du Canigou se laisse apercevoir au sud dans le lointain. Voici Espira de l'Agly, dont la très curieuse église est également indiquée comme une des excursions libres du dimanche ; à l'extérieur, plan exactement rectangulaire, chevet plat, dans lequel se sont insinuées à l'intérieur, et postérieurement, deux absides jumelles. Rivesaltes, et la haute tour carrée de son église. Nous laissons sur la gauche Salces, une antique petite forteresse, exactement placée entre la montagne et la mer, sur le chemin des invasions; à titre de spécimen curieux de transition entre l'architecture militaire du moyen-âge et la fortification moderne, elle mériterait encore notre visite; mais comment faire, à moins de se dédoubler?... On atteint enfin Perpignan, ici s'ouvre la seconde phase de notre congrès.

Si, à Carcassonne, nous nous sommes trouvés en plein Languedoc, constatant dans les mœurs, dans l'architecture, une influence nettement méridionale, mais nulle prédominance étrangère, nous n'en pourrions dire autant de Perpignan, où l'influence nettement espagnole, et, à proprement parler, catalane, se laisse voir en toutes choses. On se sent transporté dans un autre milieu. Nous avons déjà noté cette différence en ce qui concerne la température, et les constatations des jours suivants ne feront que confirmer notre appréciation; de même le langage diffère, et le catalan, bien qu'appartenant à la même souche que la langue d'Oc, n'est point facilement compréhensible pour nos Méridionaux. Ces différences de langage, de mœurs, s'expliquent historiquement.— Il n'y a pas trois cents ans que le Roussillon est nôtre; compris dans la Marche d'Espagne qu'avait créée Charlemagne en-deçà et au-delà des monts, il suit les destinées du Comté de Barcelone, passe avec lui sous la domination aragonaise, et entre en 1262 comme élément dans la constitution de l'éphémère royaume de Majorque; État bizarre et peu viable, car il réunissait sous un même sceptre le Roussillon, la Cerdagne, les Baléares et la seigneurie de Montpellier, avec Perpignan pour capitale. La France sous Philippe-le-Hardi prend parti dans les démêlés entre Aragon et Majorque, mais elle y gagne peu de gloire, et ne fait que retarder l'absorption du plus faible par le plus fort des deux adversaires; en 1344, Perpignan est réuni à la couronne d'Aragon. — Louis XI intervient dans les affaires d'Espagne, prête de l'argent, obtient le Roussillon en gage, et s'en empare; son fils, le faible Charles VIII, rend le gage pour courir à la conquête de Naples. L'unité espagnole se forme, et la réunion du pays à la France s'en trouve retardée d'autant. En 1642, Louis XIII s'empare de Perpignan; la série de désastres subis par l'Espagne amène le traité des Pyrénées, par lequel le Roussillon et une partie de la Cerdagne sont, en 1659, définitivement acquis à notre pays. — Depuis cette date, le Roussillon est français de nationalité, sans que l'assimilation de mœurs, voire même de langage, soit devenue complète; il est également français de cœur, bien que certains esprits, nous pûmes le constater par nous-mêmes, n'aient pas cessé de caresser la chimère d'une *plus grande* Catalogne. Parfois, le sang catalan, qui coule dans les veines de toute famille indigène, s'échauffe et bouillonne; or la théorie des nationalités est bien dangereuse, pour ceux-là mêmes qui l'ont le plus préconisée; la France en a fait, il y a 36 ans, la cruelle expérience.

Perpignan s'élève à peu de distance de la Tet, un de ces petits torrents qui, comme l'Agly, le Tech, descendent des Corbières ou des Pyrénées, pour gagner la Méditerranée; et même, si nous en croyons la légende, c'est au torrent que la cité devrait son origine. Aux temps fabuleux, un pauvre bouvier, le *père Pinya* faisait paître ses bœufs tout au haut de la vallée de la Tet; il se lamentait de la dureté du métier dans ces parages incléments, et faisait part au torrent de son désir d'émigrer vers des contrées plus douces. Le torrent accepte, et les voilà dégringolant tous deux à travers roches et défilés, jusqu'à la plaine du Roussillon. Le bouvier satisfait arrête ses bœufs, et se met à l'ouvrage en labourant le sol fertile que son ami le torrent, devenu rivière, s'empresse d'arroser. Telle est la gracieuse légende, que commémore une ruelle décorée du nom bizarre de *Père Pigne*.

C'est une ville essentiellement sèche et rocailleuse, sur laquelle le voisinage immédiat d'un cours d'eau ne semble exercer aucune influence; la mer elle-même en est éloignée de 11 kilomètres, et n'influe pas davantage sur son climat ou son économie ; la plage du Canet, où la Tet se déverse, n'a qu'une importance purement balnéaire. A l'étroit dans ses fortifications, la ville s'est, depuis quelques années, efforcée de briser sa ceinture de pierre ; elle y est parvenue : les portes se dressent encore, mais les murailles éventrées jonchent le sol, accumulant débris, poussière et tristesse au pourtour de la ville, et l'industrie ne paraît point se hâter de prendre le développement espéré. Il en est de même dans plus d'une ville, et combien de fois, au cours de mes voyages, ai-je noté sur les glacis de telle forteresse démantelée, des avenues tracées qui attendent encore maisons et habitants !

A l'intérieur de la cité, des rues étroites et tortueuses s'enchevêtrent sur un terrain accidenté ; dans quelques vieilles demeures, l'influence espagnole se traduit par la cour intérieure ou *patio* entourée d'une galerie à deux étages. Le centre de l'animation urbaine, véritable nœud vital, réside en la *Loge*, ancienne Bourse de commerce, qui fut le siège de la juridiction consulaire ou Consulat de mer, quelque chose comme la *Maison de la Hanse* dans les cités commerçantes du Nord de l'Europe. C'est un édifice rectangulaire, ouvrant au rez-de-chaussée par de hautes arcades ogivales, au premier étage par de jolies fenêtres à lancettes géminées. La construction, de gothique flamboyant dans son ensemble, remonte au début du xv₀ siècle ; un tableau de 1489 montre que, dans les réparations postérieures, l'idée primitive a été suffisamment respectée. La corniche, délicatement fouillée, agrémentée de gargouilles, est moderne ; elle remplace une simple balustrade flanquée en ses angles d'épis qu'on s'est efforcé de reproduire. — Les Perpignannais sont fiers de leur *Loge*, et ils lui rendent en animation bruyante un hommage de toutes les heures de la journée ; dans la rue large et courte qui longe la façade de la Loge et celle voisine de l'Hôtel-de-Ville, se presse jour et nuit une foule tapageuse, stationnant aux terrasses des cafés, commentant et discutant les nouvelles, quelque chose, toutes proportions gardées, comme la Cannebière marseillaise.

Perpignan a d'autres attractions plus sérieuses. Son *Castillet*, petite forteresse du xiv₀ siècle, couvre le pont qui donne accès à la ville ; il servait au besoin, et ce fut là le but des aménagements de Louis XI, à maîtriser la cité. Flanqué de deux grosses tours à éperon que couronne un puissant crénelage, conservant ses fenêtres grillées et les rainures de sa herse, il offre, avec la tourelle qui le domine, un gracieux aspect de couleur et de lignes. La Porte Notre-Dame, qui lui est accolée, est plus basse, postérieure d'un siècle, et reflète déjà les préoccupations qu'inspirait l'emploi de l'artillerie de siège. Dans le même ordre militaire, nous devons nommer la Citadelle, qui s'élève à l'autre extrémité de la cité; elle représente l'ancienne demeure des rois de Majorque, à la fois palais et forteresse, et sert actuellement de caserne. La porte d'entrée conserve ses cariatides emblématiques. Nous notons au passage des noms qui nous sont chers : *cour d'Auerstædt, caserne Davout;* mais pourquoi ces appellations sur une frontière où notre aïeul n'eut point l'occasion d'exercer sa vaillance? Vérification faite, le 12e régiment d'infanterie qui, depuis longtemps, tient garnison à Perpignan, a pour ancêtre un des régiments de la division Gudin qui, à Auerstædt, se couvrit de gloire. Le joyau archéologique de la Citadelle est la Chapelle à deux étages, comme mainte chapelle palatine; la façade en est ravissante, avec ses deux rangées superposées d'arcades, en plein cintre au rez-de-chaussée, en tiers-point aigu à l'étage supérieur, avec ses inégalités de niveau à l'étage, et sa large baie centrale formant tribune; il y a là des influences mauresques, côtoyant l'art catalan. La chapelle haute, voûtée d'ogives, offre des clés de voûte délicatement sculptées; à l'une d'elles, la parabole du Jardinier, soit le Christ et Marie-Madeleine.

Dans l'ordre religieux, Perpignan présente de nombreuses et intéressantes églises. Tout d'abord, la Cathédrale Saint-Jean, commencée au xive siècle, terminée seulement au xvie. La façade est une haute muraille droite, percée d'une unique fenêtre en tiers-point, et précédée d'un porche du xvie siècle soutenu par des colonnes de marbre blanc; à droite de la façade, une tour carrée porte une élégante cage de fer à jour à laquelle est suspendue une cloche; la tour symétrique de gauche n'a point été achevée. A l'intérieur, une seule nef gothique flanquée de chapelles; les murs de séparation de ces chapelles forment de puissants contreforts, disposition que nous avons déjà rencontrée à Saint-Paul de Narbonne, à Saint-Michel et à Saint-Vincent de Carcassonne, et qui permet de donner à la nef une largeur considérable. La Chapelle du *Dévot Crucifix,* toute voisine de la Cathédrale, abrite un Christ du xve, d'un réalisme saisissant : corps décharné, estomac déprimé, veines et côtes saillantes, effrayant par sa maigreur et par la tension de ses muscles. Ce sont là des détails dans lesquels se fait déjà sentir l'influence espagnole; et avant même de passer les Pyrénées, nous rencontrerons nombre de ces Christs ensanglantés, émaciés, revêtus d'une sorte de jupon, parfois même d'une chemise, au lieu du simple et habituel fragment de draperie. Une autre annexe de l'édifice est l'antique et vénérable église de Saint-Jean-le-Vieux, datée de 1025, à l'état d'abandon, mais servant encore de sujet d'études et de discussions aux archéologues.

Plus loin est Notre-Dame-la-Réal, du xive, qui

reçut les chanoines réguliers d'Espira-de-l'Agly, église à nef unique avec chapelles latérales, type habituel à la région; et plus haut encore, dans un quartier populaire où nous conduisent des ruelles rocailleuses, fortement ensoleillées, la vieille église Saint-Jacques, présentant comme l'église des Carmes, comme celle de Saint-Dominique, ce type très spécial d'une nef à charpente posée sur des arcs transversaux, ladite nef accompagnée latéralement de chapelles voûtées d'ogives. Chacune de ces églises renferme des particularités de mobilier, d'ornementation, qui méritent de fixer l'attention : à la Réal, un beau retable de maître-autel, un heurtoir en fer forgé; de même, à Saint-Jacques, plusieurs retables, une *roue à clochettes* (1), motif assez fréquent dans la région, et surtout le tableau de 1489 dont nous avons parlé,

(1) La *roue à clochettes*, sur l'emploi de laquelle ont été émises diverses théories, paraît être définitivement un objet consacré à des usages liturgiques; on la faisait tourner et résonner à certains moments de la messe, ceux auxquels, de nos jours, on agite la sonnette ordinaire, en particulier au moment de l'Élévation; on l'utilisait encore pour annoncer ou accompagner des prières publiques. Elle se retrouve en des contrées fort diverses de la France, notamment dans plusieurs paroisses du diocèse de Dijon, à Vic-de-Chassenay, à Saint-Euphrône, à Mirebeau-sur-Bèze. On la rencontre en Saône-et-Loire et dans le Bugey, en Normandie, en Auvergne, etc. Elle est particulièrement commune vers la frontière d'Espagne et de l'autre côté des Pyrénées; à Bosost, dans le Val-d'Aran, à Escugnan, elle est enfermée dans un buffet, porte le nom d'*orgue* et en remplit l'office. Aux environs de Bordeaux, des rouets à clochettes étaient attachés au-dessus de l'autel et mis en mouvement pendant que le peuple chantait (renseignements fournis par M. le chanoine Morillot, de Dijon, auteur de remarquables *Études sur l'emploi des Clochettes*). Ces clochettes, n'étant pas harmonisées, produisaient un étrange vacarme. J'en ai rencontré également dans le Valais.

et qui représente la Loge de mer dans son état primitif. A tous ces objets s'attachent, nous l'avons constaté, des traditions vivaces qui en assurent le respect et la conservation. Et pour ne rien oublier, car tout ce qui est beau, dans quelque ordre d'idées que ce soit, a droit d'être mentionné, la superbe Promenade des *Platanes* où chaque maîtresse branche se recourbe et se rapproche de la branche symétrique d'en face, pour mieux former et encadrer une allée ombreuse.

La première, et la plus archéologique de nos excursions aux environs de Perpignan, nous conduisit à Elne, une de ces *villes mortes* du Golfe du Lion dont Lenthéric a donné l'histoire : sur ce même emplacement s'éleva d'abord, suivant la légende, la fabuleuse *Pyréné*, puis Illibéris, ville phénicienne dont Pline constatait déjà la décadence, et qui, trois siècles plus tard, se voyait remplacée par Elne, du nom d'Hélène, mère de Constantin. Mais le phénomène d'ensablement que nous avons constaté sur toute cette côte, et dont Aigues-Mortes, Narbonne ont étrangement souffert, se produisit ici encore : la mer s'éloigna, Elne prit rang parmi les *villes mortes*. La perte de son évêché en 1602, au profit de Perpignan, lui porta le dernier coup; aujourd'hui ce n'est plus qu'une bourgade, et la visite du Congrès est pour elle un gros évènement.

Commencée au xi⁰ siècle, l'église devait être fortifiée ; sa position sur un monticule dominant la petite cité, la vouait au rôle de forteresse. Elle ne put être achevée, fut ruinée par les Français de Philippe-le-Hardi, et réédifiée au cours des xiv⁰-xv⁰ siècles. Extérieurement, la façade présente une porte en plein cintre, dont l'encadrement se raccorde mal à la maçonnerie voisine, puis deux tours dont celle de droite seule, carrée, aux allures de donjon, est de l'époque, et peut être regardée comme complète ; entre les deux tours court une ligne de créneaux. A l'abside règne une arcature lombarde surmontée d'un cordon de billettes ; ce mode de décoration mérite d'être remarqué ; nous le rencontrons ici pour la première fois, et nous aurons à le signaler de nouveau les jours suivants, dans plus d'une église du haut pays. — Tout cet extérieur, noirci par le temps, offre un cachet de simplicité, de pauvreté que ne dément pas le sanctuaire ; le plan déroge à celui que nous avons noté d'une manière générale dans ces régions méridionales ; il se rattacherait plutôt à l'école provençale, ne possédant pas de déambulatoire au chœur, mais comportant par contre deux bas-côtés, et se terminant par une abside entre deux absidioles ; au collatéral sud a été ajoutée postérieurement une rangée de chapelles. Çà et là, quelques épaves reflètent les splendeurs, ou du moins l'existence de la ville épiscopale déchue : des sépulcres, des épitaphes d'évêques, de chanoines; des autels du moyen âge, une cuve de marbre servant de bénitier; un embryon de trésor où sont conservés un reliquaire et une clochette liturgique.

Tout l'intérêt de ces épaves disparaît devant le cloître, que Mérimée déclarait être *d'une admirable élégance*, et qui a pris place, dans l'estime des archéologues, parmi les plus beaux cloîtres connus. La date de construction n'est point facile à préciser; une épitaphe dont nous parlerons plus loin, permet d'en reporter le commencement vers 1175. Elne ayant été saccagée en 1285, le cloître ruiné en partie dut être refait, et fut alors voûté; de là des différences de style fort sensibles, affectant surtout la décoration, la sculpture et les moulures. Dans cet ordre d'idées, nous pouvons dire que la claire-voie du sud est romane; à l'ouest, le roman se mélange de gothique; au nord, le gothique seul apparaît, de même qu'à l'est où il se mélange de catalan. Dans l'ensemble, les galeries forment un quadrilatère irrégulier, plutôt losange, deux des angles opposés étant inégalement aigus, et les deux autres inégalement obtus. Sur chaque face, la claire-voie comprend, outre les grosses piles carrées d'angle, trois piles un peu moins fortes; chaque travée, entre deux piles consécutives, présente trois arcades en plein cintre, et deux paires de colonnettes. Jusqu'en 1827, le cloître était à deux étages, comme celui de Ripoll en Catalogne; on relève encore, au sud et au nord, des vestiges de l'étage supérieur.

Dans le détail, et après avoir rappelé les différences de style que nous avons énoncées plus haut, les chapiteaux varient de motifs d'ornementation : des feuilles, des sujets, des animaux fantastiques ou grotesques ; les légendes dont le marbre blanc est amplement fouillé, ont donné lieu à diverses interprétations ; le sens n'en est point toujours facile à démêler ; on discute sur une Entrevue d'Hérode et des Mages, sur un *Quò vadis,* sur la Parabole de Lazare et le Mauvais Riche, sur des épisodes de la Vie du Christ. L'imagier roman, point encore suffisamment maître de son outil, fouille moins profondément, et se contente d'un faible relief ; ses feuillages sont très décoratifs, mais sa statuaire est inférieure ; par contre, la statuaire gothique offre de jolis morceaux. Les variations dans les colonnettes ne sont pas moindres ; elles sont géminées, avons-nous dit ; or celles qui regardent l'intérieur du cloître sont généralement ornées de fleurs, de linéaments, de lacis ; elles se présentent cannelées, ou torses, ou octogones, tandis que celles qui bordent le préau sont lisses. Quel peut être le motif de cette différence ? tout simplement, pense-t-on, une raison d'économie.

Le cloître est, de plus, un véritable musée d'archéologie. Il renferme des sarcophages du vi⁰ siècle, des pierres sépulcrales du moyen-âge, encastrées dans la muraille. Suivant le mode roussillonnais, les ossements des notables défunts, une fois débarrassés de leur enveloppe terrestre, étaient recueillis, placés dans une cavité du mur, et cette cavité fermée à l'aide d'une dalle; or ces dalles présentent des inscriptions, des dessins du plus haut intérêt. Nous avons recueilli une de ces épitaphes, celle de Guillaume Jorda, évêque d'Elne, mort en 1186; nous la reproduisons à titre de document :

> *Guillelmus jacet hic Jordanus pastor ovilis*
> *Elne, quem juvenum plebs plangit et ordo senilis,*
> *Urbis et orbis honor, sed nunc dolor urbis et orbis,*
> *Pro quo tota flet urbs, cui totus condolet orbis.*
> *Crastina lux rapit hunc assumpta matre potentis*
> *Bis septem demptis annis de mille ducentis.*

C'est la pierre dont nous avons parlé plus haut, et qui permet de dater approximativement le cloître.

Le dimanche, chaque congressiste recouvre sa liberté d'action, et évolue au gré de ses désirs. Certains se reposent tout prosaïquement, ou revoient avec plus de détails les monuments de la ville centre de réunion; le plus grand nombre se répandent au dehors, soit en excursions archéologiques comme celles que nous avons indiquées, Salces, Espira de l'Agly; soit en promenades pittoresques, à la jolie plage du Canet à l'embouchure de la Tet, aux petits ports qui, à partir de Perpignan, s'échelonnent dans la direction de l'Espagne. C'est ce dernier parti que nous prenons : la géographie et l'histoire sont en archéologie d'un puissant secours, et rien ne vaut pour ces deux sciences l'étude sur le terrain.

La côte basse et sablonneuse, parsemée d'étangs, qui depuis le delta du Rhône se poursuit sans interruption par Aiguesmortes, Cette et Narbonne, coupée par les embouchures de l'Hérault, de l'Orb et de l'Aude, dépasse même l'embouchure de la Tet, car nous l'avons suivie jusqu'à la hauteur d'Elne. Sur toute cette côte, la mer n'a cessé de reculer, abandonnant les eaux maritimes, lesquelles se sont constituées en étangs qui communiquent peu ou point avec la mer, par suite de l'ensablement progressif des graus; cette chaîne d'étangs marque évidemment l'ancien rivage. Le phénomène se continue même au-delà du Tech, où Argelès, jadis *sur mer*, est maintenant à plusieurs kilomètres dans l'intérieur des terres. Plus bas, la côte, balayée par les chaînons des Albères, devient rocheuse, et présente une série d'anses de plus ou moins grande importance commerciale. Collioure n'a qu'un petit port rocheux, pittoresquement encadré, dont le tonnage décroît graduellement. Sa voisine, Port-Vendres, d'un plus fort tirant d'eau, voit sa valeur marchande s'accroître sans cesse, et pourrait même acquérir une valeur militaire. Banyuls possède une plage charmante, un climat délicieux, mais n'a de relief que par sa production viticole et son établissement de pisciculture. Notre station frontière, Cerbère, est une crique rocheuse symétrique à sa voisine espagnole, Port-Bou ; toutes deux repaires de contrebandiers, séparées l'une de l'autre par un tunnel, ne communiquant ensemble que par chemin de fer, car aucune voie carrossable ne les unit ; sur cette frontière, tout un monde, semble-t-il, sépare les deux nations, et je ne sais quelle nonchalance n'a rien fait jusqu'à ce jour pour rendre les communications plus faciles. La route carrossable est assez loin en arrière, au Col du Perthus, gardée par le fort de Bellegarde sur territoire français, aboutissant à la forteresse de Figuères sur territoire espagnol ; ce col, vrai *chemin des nations*, par lequel passa peut-être Annibal, où Pompée éleva un trophée..... Toute cette frontière d'ailleurs est infiniment curieuse à étudier, par les bizarreries qu'elle présente, ses enclaves irraisonnées, ses déviations de la ligne naturelle au profit de l'une ou l'autre nation ; ainsi, à notre détriment, elle emprunte de ce côté, depuis Prats de Mollo, le chaînon des Albères, pour se terminer à la pointe de Cerbère, tandis qu'elle devrait, suivant la chaîne principale, se prolonger jusqu'au Cap Creus, au-dessus de Rosas ; mais nous aurons, au cours même de notre voyage, à noter d'autres irrégularités non moins flagrantes.

Une autre particularité à relever, et celle-ci plutôt ethnographique, est l'empreinte irrécusable que les peuples antérieurs aux Romains, Phéniciens, Ibères, Grecs, ont laissée sur cette côte. Sans remonter jusqu'à la Phocéenne Massilia, nous notons Maguelonne, μεγάλη νῆσος, la *grande île*, Agde, Αγαθή τυχή, la *bonne fortune*, Leucate, λευκή, la *blanche*, puis l'antique *Ruscino*, aujourd'hui Castel-Roussillon, entre Perpignan et la mer, Elne, *Illiberis*, plus tard la grecque Ἑλένη, Collioure jadis *Caucoliberis*. La voie romaine d'Espagne, *via Domitia*, passait par toutes ces villes devenues autant de stations impériales, depuis *Arelates*, Arles, par *Nemausus*, Nîmes, *Biterræ*, Béziers, *Narbo Martius*, Narbonne, *Salsulæ*, Salces, *Portus Veneris*, Port-Vendres. Ainsi, sur ce chemin des nations, se superposent successivement les trois civilisations phénicienne, grecque et romaine.

Telles sont les réflexions auxquelles se livre sur le terrain un archéologue en rupture de ban; la science ne perd jamais ses droits. Que faire, au surplus, à Port-Vendres, si ce n'est déjeuner fort agréablement avec excellente *bouillabaisse* trempée de délectable *rancio*? Puis combien est agréable la flânerie de trois kilomètres de Port-Vendres à Collioure, le long d'une corniche, petite *côte d'azur*, qui n'aurait rien à envier à sa congénère trop connue, si elle était elle-même plus longue et plus fréquentée ! — Au départ de Port-Vendres, une esplanade dominant le port présente, entre deux fontaines décorées de trophées, un bel obélisque en marbre du Roussillon, élevé en 1780 à la gloire de Louis XVI, et, au pourtour du monument, quatre bas-reliefs emblématiques : la Servitude abolie, le Commerce protégé, la Marine relevée, l'Amérique rendue indépendante. Pauvre bon Roi ! le traité de Versailles allait lui donner un instant de popularité sans lendemain !... Puis une route en lacets, quelque peu poussiéreuse et ensoleillée ; mais on oublie ces menus désagréments pour ne s'attacher qu'au magnifique point de vue : la mer bleu indigo sous un merveilleux soleil, les petites anfractuosités rocheuses où vient se briser le flot, et bientôt, le charmant petit port de Collioure se creusant profondément dans un cercle de rochers, avec château-fort en commandant l'entrée, et forteresse au sommet. L'église a un caractère franchement espagnol : autel de style *platéresque,* flanqué de colonnes torses avec ruissellement métallique, trop riche pour la modeste bourgade, mais c'est là de la richesse acquise, qui ne coûte guère d'entretien. Non moins riche est le Trésor, qui conserve un reliquaire de la Vraie Croix, belle pièce d'orfèvrerie gothique en vermeil, affectant la forme d'une croix avec pied. — Du haut de la colline où se dresse la forteresse, la vue est agréable à souhait, et la descente, pour être quelque peu pénible par des chemins raboteux et ensoleillés, nous ménage cependant tel recoin de ruelle, tel fragment d'arcade déjà espagnol, tout à fait à souhait pour l'archéologue et pour l'artiste. Le bien vient parfois sans le chercher, et rien ne vaut l'agrément de la surprise, quand cette surprise n'est pas inscrite et cataloguée dans quelque Guide de voyage.

Le soir, c'est le banquet du Congrès, dans la grand'salle de l'Hôtel-de-Ville, au fond de laquelle se dresse la colossale statue d'Arago. Nous négligeons volontiers les détails culinaires, bien que parfois l'Archéologie y trouve sa part; mais nous ne pouvons oublier un incident pittoresque et de haute couleur locale, l'entrée dans la salle d'une vingtaine de jeunes gens en gracieux costume catalan, veste courte, culotte et ceinture flottante, tête couverte du bonnet écarlate à coiffe retombante, qui, mandoline à la main, vont quelques instants nous charmer; c'est une *Estudiantina*, dont l'aimable attention est accueillie au mieux.

Nous avons consciencieusement visité Perpignan et la côte voisine; il ne reste plus qu'à nous enfoncer dans la montagne; ici, le pittoresque domine assurément, mais l'archéologue y trouve encore à glaner.

Les deux principales vallées qui creusent le Roussillon sont celles de la Tet et du Tech; la première, resserrée entre les Corbières orientales et la chaîne du Canigou, comprend essentiellement le petit pays de Conflent; la seconde, entre le Canigou et les Albères, forme le Vallespir, *vallis as-*

pera; c'est cette dernière que nous allons parcourir, en partie du moins, aujourd'hui. — Voici le Boulou, un camp célèbre dans les guerres de la Révolution; il couvrait Perpignan contre les attaques des Espagnols qui, maîtres du fort de Bellegarde, débouchaient par le Col du Perthus. Céret, avec un vieux pont du XIVe siècle, dont l'arcade, de 45 mètres de volée, franchit le Tech d'une seule enjambée; Amélie, jolie station balnéaire d'hivernage, connue des Romains; en arrière, la pittoresque Gorge du Mondony, faille rocheuse à travers laquelle le torrent s'échappe en cascade; Arles-sur-Tech enfin, abbaye bénédictine fondée en 778, ruinée par les Normands, rétablie au XIIe siècle. L'église est de type provençal, nef centrale en berceau brisé, mal éclairée par des fenêtres percées à travers la voûte, collatéraux recouverts de berceaux en plein cintre. La façade, plus ornée que ne le sont d'habitude les façades romanes du Roussillon, est relevée d'arcatures lombardes. La porte présente un linteau archaïque en forme de fronton recoupé des deux bouts, chaque extrémité étant marquée d'animaux fantastiques. Au-dessus du linteau, dans le tympan, une croix byzantine avec Christ bénissant; plus haut, une fenêtre avec encadrement byzantin ou lombard. Le clocher, tour carrée de forteresse, d'un appareil tout à fait primitif, s'élève sans ressaut jusqu'à un crénelage de fantaisie.

Dans l'église elle-même, sur le maître autel, deux superbes bustes des saints Abdon et Sennen, œuvre de la plus haute valeur, faisant grand honneur à l'orfèvrerie roussillonnaise, dit M. Brutails, dans ses *Notes sur l'Art religieux dans le Roussillon (Bulletin archéologique du Comité des travaux historiques et scientifiques*, 1893, fasc. 3, p. 369-376). On ne saurait trop faire ressortir le mérite de cet art local d'orfèvrerie, représenté au moyen-âge à Perpignan par une corporation d'artistes dont les produits étaient presque inconnus avant l'Exposition rétrospective de 1889. Leurs œuvres, cependant, foisonnent dans la région, et se retrouvent en mainte église de campagne en-deçà et au-delà des monts. — Les bustes de l'église d'Arles-sur-Tech, un peu moindres que nature, sont en argent, ont les cheveux dorés, la figure et le cou de carnation naturelle. Le travail du métal, fait observer M. Brutails, se prête mal au modelé; le détail des figures est donc sacrifié; mais la manière large et ferme de l'artiste, l'admirable expression de noblesse qu'il imprime aux visages, rachètent amplement le défaut d'intensité de vie. L'œuvre est signée : *Michel Alerigues, argentier à Perpignan, an du Seigneur* 1425-1440. Au-dessus des deux bustes, une châsse contient les reliques, et plus haut encore, sous un dais, se dressent les statues en pied des deux saints; le tout encadré d'un retable richement décoré dont les compartiments, séparés par des colonnes alternativement torses et cannelées, représentent en sculpture les différentes phases de la vie des deux patrons. Nous commençons à nous faire à cette décoration d'influence espagnole, dont le métal ruisselle, dont les ors étincellent dans le demi-jour. Au petit parvis, à l'entrée de l'église, la *Sainte Tombe*, sarcophage où furent les reliques d'Abdon et de Sennen; au-dessus, le monument funéraire de Guillaume Gaucelme, chevalier, mort en 1210; et, à la sacristie, une roue à clochettes, comme nous en avons déjà vu un spécimen à Perpignan. — Ces églises de bourgade constituent de véritables musées de mobilier et d'iconographie; combien différentes de nos églises du Nord, dans lesquelles l'archéologue trouve rarement à glaner!.. Le cloître d'Arles n'est point à dédaigner, et nous avons cependant, de ce chef, après nos excursions des jours derniers, quelques raisons de nous montrer difficiles: arcades en arc brisé, peu de décoration aux chapiteaux, colonnettes jumelles avec tailloir et socle communs, le tout d'une extrême simplicité; néanmoins, sans effort, avec un minimum d'ornementation, le constructeur est parvenu à réaliser une œuvre de légèreté rare, d'élégance suprême. Au centre et dans le préau, un fouillis de verdure reflétant l'abandon.

Au-delà d'Arles, une petite forteresse, Prats de Mollo, commande les sources du Tech, et surveille les sentiers qui, vers Campredon, descendent en

Catalogne dans la vallée du Ter. C'est à Prats de Mollo que le chaînon des Albères se détache de la grande chaîne.

Nous abordons maintenant la haute vallée de la Tet, et par elle nous pénétrons au cœur des Pyrénées. Notre première station est à Prades, modeste chef-lieu d'arrondissement; d'ici se découvre, dans toute sa splendeur, le massif du Canigou, qui s'est déjà révélé plus d'une fois, se profilant à l'horizon. A Prades, nous nous trouvons exactement dans l'axe du sommet principal; il n'est pas de première hauteur, 2.787 mètres seulement, alors que les grandes cimes des Pyrénées, Vignemale, Posets, Mont Perdu, Nethou, dépassent amplement 3.000 mètres ; il n'est pas même situé dans la chaîne principale, mais seulement dans un contrefort qui s'en détache, et dont il forme l'extrémité vers la plaine ; et, cependant, il jouit d'un prestige incomparable. C'est qu'il est admirablement campé en premier plan, qu'il semble isolé du reste de la chaîne, qu'il se dresse en pleine hauteur, plus de 2.500 mètres au-dessus de la plaine de Prades, produisant un effet analogue à celui que produisent le Ventoux, 1.912 mètres seulement, au-dessus de la vallée du Rhône, ou bien encore l'Etna, 3.313 mètres, au-dessus de la mer de Sicile. Aussi, pendant longtemps, le Canigou fut-il regardé comme le plus haut sommet des Pyrénées. Il nous apparaît couvert de neige, et, de fait, quelques-uns de nos amis qui vont en tenter l'ascension, devront-ils reculer avant de parvenir au sommet. Saluons le géant, et revenons à nos préoccupations archéologiques.

Le clocher de l'église de Prades mérite de fixer l'attention. C'est un de ces clochers *lombards*, fréquents dans la région, et dont les éléments caractéristiques peuvent s'établir ainsi : — des bandes longitudinales plaquées dans la hauteur, des arcatures à dents de scie surmontées d'une frise à dents d'engrenage ; mais, ici, le type est perfectionné, et les dents des arcatures présentent cette particularité d'être soutenues par des modillons. — A l'établissement de bains voisin, nous relevons un fragment de cloître roman du xiie siècle, provenant de l'abbaye de Saint-Michel de Cuxa ; les chapiteaux en sont remarquables : des lions, des monstres, des lacis, des volutes ; et l'élément scatologique s'y glisse, reflet d'une fantaisie artistique à laquelle la bonhomie de l'époque laissait libre carrière.

Le joyau de la région est le clocher de l'abbaye de Saint-Michel de Cuxa. Le monastère bénédictin remonte au ixe siècle, l'église au xe ; vendu à la Révolution, l'ensemble n'en présente plus que des ruines qui, chaque jour, périclitent davantage. Au chevet, une chapelle avec coupole bien conservée, dont le degré d'ancienneté donne lieu à de chaudes discussions entre archéologues. Des deux clochers, l'un s'est écroulé pendant l'hiver de 1838-1839 ;

l'autre, demeuré intact, nous groupe tous autour de lui, et fournit matière à une savante démonstration de notre Directeur. — C'est ici, en effet, que nous retrouvons dans son intégrité le type catalan déjà rencontré, notamment ce jour même à Prades. Sur une base fortement rempiétée en talus, s'élève une haute tour carrée, percée de baies géminées en plein cintre ; tout le long de la construction descendent les *bandes murales,* en médiocre saillie ; chaque étage de fenêtres est séparé du supérieur par les arcatures en dents de scie que surmonte une frise à dents d'engrenage. Au dernier étage, les baies géminées sont, suivant le mode catalan, surmontées d'*oculus,* et un crénelage domine le tout. Ce type, nous l'avons vu jadis à la haute tour carrée de Saint-Ambroise de Milan, du XIIe siècle ; il est fort répandu en Lombardie ; nous le retrouverons de même à Parme, à Bologne, et généralement dans le nord de l'Italie, d'où lui vient la dénomination de *bandes lombardes, arcatures lombardes ;* il existe à Ravenne, dans son état le plus ancien, au Palais de Théodoric ; peut-être dériverait-il de l'école prébyzantine, sous les successeurs de Constantin. De Lombardie, il passa les monts, et se rencontre aux églises romanes de Roussillon et de Catalogne, avec une fréquence telle que nous étions presque tentés de le dénommer *catalan*. — Ces infiltrations lombardes, au surplus, furent très puissantes en France ; dans notre Bourgogne même, sans chercher plus loin, nous en relevons de nombreux exemples : dans le Mâconnais, à Saint-Philibert de Tournus, dont la façade présente les bandes lombardes et les arcatures en dents de scie; autour de Dijon, à Saint-Apollinaire (bandes murales et arcatures, tant à l'abside qu'à l'absidiole), à Bretenières, à Fauverney, à Salmaise ; puis à Bligny-sous-Beaune, à Saint-Vorle de Châtillon, dont l'abside et le transept offrent les bandes et les arcatures.

Le point *terminus* du chemin de fer, dans la haute vallée de la Tet, est la petite cité de Villefranche-de-Conflent. L'église romane, à tour crénelée, présente un type bizarre : deux nefs inégales communiquant entre elles par quatre arcs de portée variée; y aurait-il là une influence de l'architecture des Ordres mendiants, dans les églises desquels se rencontre très souvent cette juxtaposition de deux nefs inégales (1)? Chevet plat, voûte en berceau brisé. La porte principale, en plein cintre, est encadrée de deux paires de colonnes, dont une cannelée en spirale; un gros boudin, compris dans

---

(1) Les églises ayant appartenu à des Ordres prêcheurs ou mendiants (Cordeliers, Capucins, Carmes, Jacobins ou Dominicains), se présentent généralement avec deux nefs seulement ; l'église est divisée en deux nefs égales, comme aux Jacobins de Toulouse et d'Agen, ou bien elle n'a qu'un bas-côté accolé à la nef principale. Ce dernier type se rencontre aussi parfois aux églises provenant de l'Ordre du Temple, comme en celle de Bure-les-Templiers (Côte-d'Or). Les Ordres prêcheurs voyaient dans cette disposition un moyen de faciliter l'audition de leurs sermons aux fidèles, auxquels une des nefs était réservée, tandis que les moines occupaient l'autre (CAUMONT, *Abécédaire d'Archéologie*, 5ᵉ édition, p. 745).

l'archivolte, offre les mêmes cannelures. Les chapiteaux corinthiens sont d'une bonne ornementation ; des lions les surmontent. L'archivolte est soutenue par des modillons. L'ensemble est riche, un peu lourd, mais ne déplaît point; une tour crénelée domine la construction.

Toujours très intéressantes, ai-je dit, ces modestes églises de bourgades, toutes de type roman, le type national à la région, et qui s'y conserva longtemps, dans le détail tout au moins, même après la diffusion du style gothique ; l'éloignement, le défaut de voies de communication expliquent, en Roussillon, la persistance des anciens types, tandis que, dans l'Aude, d'accès plus facile, nous rencontrons habituellement le gothique, importé, avons-nous dit, par les hommes du Nord au xiiie siècle. Mais combien plus intéressantes encore nous apparaissent ces petites places fortes, jadis animées du bruit des armes, aujourd'hui délaissées, ne vivant plus que de souvenirs ! Forteresses déclassées, évêchés privés de leur siège, les uns et les autres m'inspirent je ne sais quelle compassion qui me pousse à les étudier de plus près. Il y a là, d'ailleurs, de ma part, un ressouvenir d'enfance, celui de cette petite place forte campée à la cime des Vosges, que je connus jadis toute française, pimpante dans son étroit corselet de murailles, fière de sa garnison, de ses souvenirs militaires, des nombreux généraux auxquels elle avait donné le jour, et que je revis après de longues années, devenue la proie de l'ennemi, en partie démantelée, triste et opprimée, n'étant plus que l'ombre d'elle-même. — Villefranche, à la frontière d'Espagne, nous représente ce type, sauf qu'elle n'a point à souffrir l'occupation étrangère. D'origine très ancienne, elle fut primitivement une *bastide ;* elle en conserve le cachet dans la disposition de ses rues : deux longues artères reliées par d'étroites ruelles se coupant toutes à angle droit, petite place carrée au centre, petit hôtel de ville surmonté d'une tour avec beffroi, et, çà et là, à la façade de quelque vieille maison, une fenêtre intéressante, présentant les germes du gothique catalan. Plus tard, ses fortifications sont reprises et renforcées par Vauban ; Villefranche, en effet, couvrait le cours de la Tet, tant contre les attaques venant de la vallée supérieure, que contre les incursions par les sentiers de la montagne ; placée dans un entonnoir et dominée de toutes parts, elle se complétait par le petit fort des Dames, à 180 mètres au-dessus du torrent, et communiquait avec lui par un souterrain et par un escalier encore visible, de 999 marches. Je me plaisais à contempler ce site extraordinaire, à noter dans le détail cet appareil minuscule et suranné de fortification, où la domination espagnole a laissé son empreinte : les petites échauguettes d'angle, les trois enceintes successives du type Vauban, les meurtrières encore béantes, et le parapet dominant le cours impétueux de la Tet, tout cela désormais abandonné, voué à la ruine. Triste symptôme ! la petite garnison de quatre hommes et un caporal qui restait pour garder la forteresse, l'a tout récemment évacuée ; c'est la mort lente et sans oraison funèbre !.....

Au village voisin de Corneilla, encore une église intéressante, évoquant par certains détails, notamment les créneaux à la façade, le type de l'église fortifiée. La porte, d'une riche décoration, rappelle celle de Villefranche, avec moins de lourdeur ; elle est flanquée de chaque côté de trois colonnettes en retrait avec chapiteaux richement sculptés ; sur deux d'entre elles viennent retomber des boudins concentriques dont un en spirale cannelée ; au tympan, une Vierge à l'Enfant est assise dans une auréole elliptique soutenue par des anges. A l'étage, la fenêtre de façade dont le boudin est supporté par deux colonnettes, présente à l'archivolte une engrelure en dents de scie. L'intérieur est à trois nefs ; large transept dont le mur oriental, rectiligne à l'extérieur, est intérieurement échancré de deux absidioles à chaque bras. La maîtresse voûte est en berceau brisé, les voûtes latérales en quart de cercle. Sur le maître-autel, un beau retable en marbre blanc, daté de 1345, représente la Crucifixion. Au chevet, les fenêtres de l'abside, joliment ornementées, comportent extérieurement, comme la façade, une archivolte à dents d'engrenage, et des colonnettes à chapiteaux décorés soutenant trois arcs de cercle concentriques. A noter les fenêtres-archères des absidioles du transept.

Le Vernet est notre dernière étape de Congrès. La jolie station balnéaire, station d'hiver, à un degré moindre toutefois qu'Amélie, est située au sud de Corneilla, dans une vallée latérale que sillonne un torrent affluent de la Tet, descendu du Canigou. Sur les bords du torrent, le parc, les hôtels, le village moderne et mondain; plus haut, s'étageant jusqu'au sommet d'une colline rocheuse, le village ancien dominé par son église et par un vieux château artistement restauré. Le temps, le courage peut-être nous manquent pour grimper au faîte de la colline. Après une journée poussiéreuse, fatigante, on a hâte de s'installer dans les confortables hôtels, de goûter le charme d'un bain que la Société des Thermes met gracieusement à notre disposition. N'étaient les ouvriers des usines voisines, qui se sont fâcheusement mis en grève, et se promènent bruyants et désœuvrés, triste épisode qui motive une affluence de gendarmes et la présence d'une compagnie d'infanterie, tout serait à souhait dans un véritable Éden. Faut-il que les discordes sociales viennent ainsi troubler l'archéologie!.... On tâche d'oublier ce fâcheux incident. A demain les affaires sérieuses! comme disait tel tyran inconsidéré. Nous n'avons pas, au surplus, les mêmes raisons de défiance, et la journée se termine délicieusement sous les frais ombrages du Parc.

Les Congressistes, le lendemain, sont levés à l'aube. La journée sera chaude; mieux vaut se mettre en marche de bonne heure pour grimper à Saint-Martin du Canigou. Cinq kilomètres de distance; en voiture jusqu'à Castell, pauvre village, pauvre église qu'ont enrichie, l'expression est exagérée, les dépouilles de l'abbaye. Au-delà, sentier de montagne rocailleux, mais de pente modérée, jusqu'au sommet. Là se dresse le modeste monastère du XIe siècle fondé par le Comte de Cerdagne Guifred, réparé au XVe à la suite d'un tremblement de terre, abandonné aux approches de la Révolution, et finalement restauré par l'Évêque de Perpignan, Monseigneur de Carsalade du Pont. Le prélat, archéologue éminent, dont le diocèse d'Auch a gardé la mémoire, se réjouissait de nous recevoir au seuil de son monastère; mieux que personne, il nous en eût fait les honneurs; et peut-être eussions-nous assisté à quelque belle fête comme celle du 11 novembre 1902, alors que Mgr de Perpignan prenait officiellement possession de la basilique dont il allait entreprendre la restauration. Ce fut, ce jour-là, fête religieuse et littéraire, à laquelle participaient clergé et *félibres* des deux côtés des monts. Aujourd'hui, c'eût été fête archéologique, moins brillante peut-être, mais non moins agréable au cœur du Prélat, car il y eût trouvé la sanction de son œuvre de restauration si bien menée à fin. Cette satisfaction nous est malheureusement refusée aux uns et aux autres : comme son très distingué collègue de Carcassonne, Mgr de Beauséjour, dont l'absence nous a été non moins pénible, l'*Évêque du Canigou* est à Paris, à l'Assemblée des Évêques de France ; privé de ces deux prélats, notre Congrès se trouve en quelque sorte découronné.

L'église est petite et pauvre : nef centrale de 3 mètres de largeur, bas côtés de 2^{m}30, chaque vaisseau terminé à l'est par une abside sans chœur ; voûtes en berceau, celle du milieu plus élevée ; colonnes à chapiteaux cubiques très évasés, sans tailloir, couverts d'une ornementation plate. L'abside et les absidioles, percées chacune d'une fenêtre, portent extérieurement les arcatures lombardes. — Le clocher rectangulaire, à deux étages, porte de même les bandes lombardes et les arcatures en dents de scie ; il est accolé à la partie nord de l'église, et percé au rez-de-chaussée d'un couloir qui constituait jadis l'entrée de l'abbaye.— Le cloître est en contrebas, modeste et de faibles dimensions ; les galeries voûtées ouvrent sur le préau par des arcades en plein cintre d'appareil grossier. Évidemment le monastère était de médiocre envergure, plus grand par la renommée du pèlerinage, par l'étrangeté du site, que par son importance personnelle; dom Martène, au XVIII° siècle, y constate la présence d'une demi-douzaine de moines qu'il qualifie, trop sévèrement sans doute, de *sauvages*. — Du cloître on descend à la crypte, église inférieure à trois nefs, dont la longueur est plus grande que celle de l'église supérieure, car, du côté de l'ouest, elle dépasse notablement l'aplomb de la façade. A l'une comme à l'autre église, le style est homogène, invariablement roman, malgré la réparation du XV° siècle; les voix du dehors, et avec elles le style gothique, n'arrivaient pas jusqu'à cette solitude.

Elle est animée aujourd'hui par la présence d'une centaine de congressistes; il conviendrait de la voir dans son calme habituel, et alors atteindrait-elle sa pleine grandeur. Le site, en effet, est imposant, tel qu'il se découvre du haut de la tour carrée, ou bien du calvaire voisin : à proximité immédiate, un chaos de rochers brûlés par le soleil; en arrière, une vallée profonde au-delà de laquelle le sol se relève en une chaîne dominée par la Tour de Goa, poste militaire des Rois de Majorque; en avant, vers la haute montagne, la masse neigeuse du Canigou. C'est d'ici, semble-t-il, que l'ascension pourrait utilement en être faite; cinq à six heures de montée, dit le Guide, mais montée impraticable à cheval; au surplus, la mésaventure éprouvée la veille par nos amis refroidit les courages; nous attendrons, pour grimper au Canigou, le chemin de fer à crémaillère qu'on promet à bref délai. — A la descente, nous croisons force confrères qui, moins avisés, se sont laissé gagner par la chaleur, et gravissent péniblement. C'est d'ailleurs, aujourd'hui 31 Mai, la fin du Congrès; la dislocation s'opère au Vernet, et chacun de se quitter à regret. Mais, pour nous, ce n'est que la première phase qui se termine; la seconde, justifiant le titre de notre travail, va nous conduire au-delà des monts, l'archéologie et le pittoresque continuant, comme ils l'ont fait jusqu'ici, de se mélanger en un accord fraternel.

Quelques amis m'accompagnent dans mon excursion. Rien n'est tel que de pouvoir échanger ses idées : tel envisage les objets à un point de vue qui ne nous avait pas frappés; on discute, et du conflit d'opinions et d'idées jaillit forcément la lumière; puis, le soir, après une journée fatigante, la conversation entre intimes repose et délasse. Le touriste isolé, en pays étranger et lointain, se sent parfois envahi par d'inopinés sursauts de découragement et de tristesse; il s'effraie d'aller plus loin, regarde en arrière, et souvent un voyage, entrepris avec un programme de large envergure, se trouve subitement interrompu sans cause raisonnable. La société d'amis de belle humeur, en bonnes dispositions, est le meilleur préservatif contre semblables accidents.

A Villefranche de Conflent, nous rejoignons le cours de la Tet; jusqu'à Montlouis, nous allons remonter le torrent. La route est belle, *route de France,* ce fut jadis le meilleur éloge; l'étranger aujourd'hui s'est mis à l'unisson; mais que de poussière, dont les flots nous poudrent à blanc, obstruant les narines et la gorge, rendant la voix rauque! — Courte station à Olette, modeste chef-lieu de canton; nous sommes en Cerdagne, et quelques chapiteaux romans déposés sur une terrasse près la grande place, proviennent du château d'Evol, qui domine la ravine voisine, et fut jadis le siège de la première baronnie de Cerdagne. — La vallée s'accidente et se resserre; la route monte, surplombant le cours de la Tet; au flanc opposé de la montagne se laissent voir les travaux de la voie ferrée qui doit atteindre Montlouis; au fond, côtoyant la rive du torrent, quelques villages, petites stations balnéaires, Canaveilles, Thuès. Tout ce pays est riche en sources minérales, sulfureuses, alcalines, ferrugineuses, à peine exploitées; riche également en gisements miniers : au Vernet même, nous en avons relevé la trace. — Arrêt à Fontpédrouse, gros village pittoresquement campé sur la route en corniche, et dévalant jusqu'au bord de la Tet. Le pays est en fête; les jeunes gens, nouveaux conscrits, arborent des flots de rubans et des pancartes patriotiques. — Plus loin, la vallée se resserre encore, au point de devenir ravine; la route s'escarpe davantage et monte en lacets; la végétation se rabougrit, devient rare; les cimes neigeuses apparaissent; la nuit tombe; avec elle, la fraîcheur apparaît intense. Nous abordons le haut plateau, au sommet duquel se dresse Montlouis. Il est huit heures et demie, nuit close, lorsque nous atteignons l'avancée; la voiture franchit le pont-levis, les sabots des chevaux résonnent sur le pavé caillouteux. Bonne hospitalité à l'hôtel, où notre venue est annoncée; survient un ami, M. Paul Bordeaux, l'archéologue bien connu doublé de numismate, en quête de trouvailles dans la montagne; le dîner est gai, la causerie animée; n'est-ce point la confirmation immédiate de la théorie émise quelques lignes plus haut, que la solitude en voyage est chose mauvaise?

Montlouis jouit du triste privilège d'être la forteresse de France à l'altitude la plus haute, 1.600 mètres, soit 344 mètres de plus que Briançon. Plus heureuse que Villefranche, elle n'est point déclassée et conserve sa garnison, casernée plus haut, dans la citadelle qui domine la ville. Peut-être le nom de *ville* est-il prétentieux pour une pauvre bourgade de 430 habitants, resserrée dans son enceinte, et comptant en tout huit rues tirées au cordeau, atrocement pavées de cailloux ronds. Au centre, la petite place carrée élevée en ressaut de la déclivité du terrain, l'église, et le monument de Dagobert : un modeste édicule en forme de pyramide creuse, avec, à l'intérieur, l'inscription : *Ci-gît le brave Dagobert, général des armées françaises*, et, sur les faces extérieures : *1736-1794, la Perche, Olette.* — C'est tout, pour un homme dont le nom, peu connu de nos jours, mérite cependant d'être conservé. Soldat de l'ancienne armée, d'Agobert de Fontenilles est, en 1770, capitaine au régiment de Tournaisis, en garnison en Corse. Il a fait la guerre de Sept ans, a passé par tous les grades, et, en 1792, sert à l'armée d'Italie comme Maréchal de camp. Il est envoyé en 1793 à l'armée des Pyrénées-Orientales. Sur cette frontière, la situation est mauvaise; nos troupes viennent d'être battues et refoulées jusqu'à Perpignan; Bellegarde a succombé; bientôt Villefranche succombe de même, la ligne de la Tet est menacée, tandis que Dagobert bataille en Cerdagne où il obtient des succès. Il est à la prise de Viella dans le Val d'Aran, aux combats de Montlouis et d'Olette, à l'occupation de Campredon au-delà des monts. On le rappelle sur le théâtre principal des opérations, mais il se heurte à une désorganisation générale, à des entreprises mal concertées dont les Représentants en mission prennent l'initiative. Les Espagnols, heureusement, ne se montrent pas entreprenants, et ne savent pas profiter de leurs succès : sur la côte, ils prennent Collioure et Port-Vendres, mais, dans la montagne, ils perdent Villefranche, et ne gardent de leur incursion que la ligne du Tech, s'appuyant au camp du Boulou, tandis que nous conservons la vallée de la Tet. — Ce succès relatif, ou du moins ce minimum de défaite, est dû à la bravoure de Dagobert, à la confiance qu'il inspire aux troupes. On lui retire son commandement qui passe en des mains inhabiles, jusqu'à ce qu'il échoie à Dugommier. Avec ce dernier, tout change de face : la ligne du Tech est reprise, le camp du Boulou forcé, l'ennemi repasse les Pyrénées, et Dagobert qui tient la Cerdagne, va pouvoir exécuter de ce côté le plan d'invasion que dès longtemps il a proposé; il pénètre jusqu'à Urgel; mais, épuisé de fatigue, miné par la fièvre, il meurt (21 avril 1794) à Puycerda. Thiers, dans son *Histoire de la Révolution*, T. IV, V et VI, lui rend brillamment justice; de même *Victoires et Conquêtes*, T. II, p. 45, 52, 225, 227; tous deux le font mourir à l'âge de 76 ans; il semble, d'après la date inscrite sur la pyramide de Montlouis, qu'il fût plus jeune, 58 ans seulement. Sa pauvreté était telle, que ses officiers durent se cotiser pour payer ses funérailles. Montlouis avait été, au cours de cette pénible campagne, la place d'armes de Dagobert, et son point de départ pour ses descentes victorieuses en Cerdagne; il était juste qu'il consacrât la mémoire de celui qui l'avait si vaillamment défendu.

Tel est l'homme dont la pyramide de Montlouis évoque le souvenir. Quelques instants plus tard, nous gravissons la colline où s'élève la Citadelle;

une vaste esplanade la précède; la petite place, fortifiée par Vauban et bien entretenue, commande le Col de la Perche et la vallée de la Sègre, soit les riches campagnes de Cerdagne avec le débouché sur l'Espagne par cette vallée. Elle a une importance stratégique considérable : à notre époque où l'on supprime les petites places reconnues inutiles pour concentrer la défense sur quelques points choisis, Montlouis est maintenu au nombre de ces points. L'attention a même été attirée sur lui par de récents travaux militaires relatifs à la campagne des Pyrénées-Orientales dont je viens de parler (1), campagne pénible, sans succès éclatants, tout entière en attaques de positions, en sièges de forteresses minuscules, campagne d'abnégation et d'opiniâtreté, où l'on piétine sur place, jusqu'à ce qu'un Dugommier, un Dagobert discernent le point précis où il faut frapper pour entraîner la retraite de l'ennemi. — Tels sont les propos que nous échangeons avec les officiers du fort, deux compagnies détachées de Perpignan. Le séjour de deux ans est rude, en cette petite place, la plus haute et la plus froide de France, huit mois d'hiver chaque année; quinze jours avant notre visite, c'est-à-dire jusqu'au milieu de mai, la neige couvrait encore le sol; elle reparaîtra en octobre, et cependant la garnison supporte vaillamment cet exil : les femmes

---

(1) Notamment *Dugommier*, 1738-1794, par Arthur CHUQUET, 1904.

des officiers viennent le partager avec leurs maris, le sentiment du devoir accompli les soutient tous.

Peut-être aussi la vue de ce merveilleux paysage est-elle un puissant adjuvant. Du haut des glacis de la forteresse, nous embrassons un vaste horizon de montagnes; le sol s'abaisse, puis se relève insensiblement vers des villages épars sur la rive opposée de la Tet. L'un d'eux est Planès, nom célèbre dans les fastes de l'archéologie. Pauvre église de village, plutôt chapelle par ses dimensions exiguës, elle se compose essentiellement d'une coupole reposant sur une base triangulaire et sur trois grandes niches en cul-de-four, soit un trèfle dont chaque lobe serait séparé du voisin par un angle saillant. Le triangle est équilatéral; la porte est percée près de l'un des sommets de la figure géométrique. Intérieurement, la forme est celle d'un sanctuaire bordé en son pourtour par trois absides que séparent les unes des autres trois absidioles, les unes comme les autres voûtées en cul-de-four; la forme triangulaire ne reparaît qu'à l'extérieur. Pas d'autre nef que le dessous de la coupole; celle-ci est surmontée latéralement d'un modeste campanile, soit un mur droit percé de deux ouvertures pour les cloches. Postérieurement, une sacristie a été accolée à l'extérieur. — Telle est cette bizarre petite église, construite en moëllons grossiers, que Viollet-le-Duc (*Dictionnaire de l'architecture*, T. II, p. 443), ne croit pas antérieure au xiiie siècle, que d'autres voudraient reporter jusqu'au ixe, et à laquelle les traditions assignent une origine arabe. Toutes ces questions demeurent dans le doute; il n'est pas jusqu'à la forme qui ne trouve difficilement explication : a-t-elle été imaginée en l'honneur de la Sainte-Trinité? est-ce là simplement une fantaisie de l'architecte? Quoi qu'il en soit, Planès mérite et justifie le détour de six kilomètres que sa visite impose au touriste.

Nous quittons Montlouis. La route suit un instant le plateau avant de descendre sur le versant opposé; nous nous trouvons, en effet, à un faîte de partage, laissant le bassin de la Tet pour entrer dans celui de la Sègre, affluent de l'Èbre. La région que nous abordons est géographiquement espagnole; mais, par une bizarrerie dont nous avons déjà cité un exemple en sens inverse, à l'occasion de la délimitation de la frontière du côté de Cerbère, une partie de la Cerdagne est demeurée française, non seulement dans la haute vallée de la Tet, ce qui se justifie parfaitement, mais encore dans celle de la Sègre, ce qui est moins compréhensible. Ainsi l'a voulu le traité des Pyrénées : au Roussillon, qui demeurait définitivement acquis à la France, il adjoignait trente-trois *villages* de Cerdagne, et cette adjonction fut l'occasion d'une nouvelle bizarrerie. Dans les trente-trois villages se trouvait comprise la bourgade de Llivia; or

Llivia, qui tenait à demeurer espagnole, argua de son titre de *ville* déjà ancien, et sous lequel elle se prétendait universellement connue ; on fit droit à sa requête, et Llivia forme, depuis deux cent cinquante ans, une enclave que nous allons longer.

La route franchit le col de la Perche, encore un chemin des armées, à 1.622 mètres d'élévation. Nous suivons la route des hauteurs, plus longue que celle de la vallée par Saillagouse, mais plus pittoresque ; elle domine la riche plaine de Cerdagne, et contourne l'enclave de Llivia ; la vue est belle, l'horizon étendu ; nous oublions volontiers le sol aride et ingrat, parsemé de roches énormes, véritable chaos, sur lequel nous cheminons, pour reporter nos regards plus bas, vers la terre fertile et ensoleillée, où miroitent les clairs ruisseaux, tributaires de la Sègre naissante ; enfin nous descendons en plaine. Au village d'Angoustrine, l'église conserve un christ byzantin, chauve, au visage noirci, à la barbe noire calamistrée, complètement vêtu, affublé d'une jupe longue (1), fixé sur une large planchette en forme de croix *fichée ;* cette croix devait jadis être plantée sur un maître-

---

(1) Ces christs byzantins, nombreux dans la région, remontent en général au xii° siècle ; ils sont vêtus, et reçoivent dans le pays le nom de *Santas Majestats*, les Saintes Majestés. D'autres sont simplement juponnés jusqu'au genou. (BRUTAILS, *Notes sur l'art religieux dans le Roussillon, Bulletin archéologique du Comité des travaux historiques et scientifiques*, 1893, fasc. 8, p. 365.) Ces christs byzantins sont graves et majestueux ; ils n'ont rien du réalisme effrayant, parfois outré, que revêtent les christs postérieurs, tels que le *Dévot Crucifix*, de Perpignan.

autel. Elle est *classée*, et le curé nous la détaille avec orgueil. Ainsi se justifie cette constatation déjà faite plus haut, que, dans cette région, il n'est guère d'église, si misérable qu'elle soit, qui n'ait quelque chose à montrer au visiteur.

Nous atteignons enfin Bourg-Madame. Une longue rue de maisons sans caractère, soit un village improvisé, auquel sa situation frontière et une contrebande active donnent seules quelque importance. La limite est, en effet, toute proche; vite, nous la franchissons; fouler un territoire étranger a toujours je ne sais quel attrait. Au delà du pont de la Raur, torrent affluent de la Sègre, nous sommes sur les terres d'Espagne; *los carabineros* nous regardent passer d'un air nonchalant, et, profitant des quelques heures de jour qui nous restent, nous grimpons à *Puycerda*.

Un kilomètre, sans plus, sépare les deux bourgades; le touriste français se sent immédiatement en pays, non point ennemi, mais différent du sien. La petite cité s'élève au sommet d'une colline; pour y accéder, la route s'engage entre des murs élevés de propriétés closes; elle se contourne plusieurs fois sur elle-même, et grimpe en pente rapide avant d'atteindre les premières maisons. Deux mille habitants; de longues rues étroites qui aboutissent à une petite place carrée, la *Plaza mayor*; les maisons, au pourtour, reposent sur piliers qui forment déambulatoire, et permettent de cheminer à l'ombre. Au milieu de la petite place se dresse, dans une attitude de commandement, sabre en main, *ros* en tête, la statue de Cabrinety qui fut, en 1873, l'âme de la défense contre les Carlistes. Particularité curieuse, en effet : Puycerda, bien que sise en pays essentiellement carliste, îlot fidèle au milieu de l'insurrection, résista invariablement à toutes les attaques, et ne fut jamais occupée par l'ennemi. Sa situation géographique facilitait la résistance : protégée d'un côté par la frontière française, s'élevant au confluent de deux rivières, la Sègre de Carol et la Sègre de Llivia qui en couvrent les abords, d'un accès difficile en raison de son altitude et des murailles que nous avons rencontrées, elle présente au sommet une terrasse d'où le regard plonge à pic sur la campagne ; observatoire à souhait, mais parfaitement inaccessible pour l'assaillant. Elle se glorifie d'ailleurs de son loyalisme, et n'en était pas à son coup d'essai en 1873, car un autre monument de 1831, au début des guerres carlistes, est le salut de gloire envoyé par une grande cité, Barcelone, à la vaillante petite cité, Puycerda. — Le Cerdagnais est fier de sa petite patrie ; sur une carte postale achetée au hasard, je note le quatrain suivant suffisamment explicite :

> Moitié France, moitié Espagne,
> Il n'est d'autre pays que la Cerdagne.

L'église offre sa part d'attractions : trois nefs

larges et basses, de bizarres confessionnaux où le pénitent est exposé à la pleine vue des assistants, un porche ouvrant sur les collatéraux, tandis que l'accès de la grande nef est, dès l'abord, fermé par le *trascoro*, une Vierge noire, bref, un avant-goût du mode très particulier de construction et d'aménagement des églises espagnoles. — Au dehors, et à l'extrémité d'un quartier neuf qui pourrait être le quartier élégant et mondain de Puycerda, un joli petit lac où flottent quelques esquifs. Partout un accueil obligeant, voire même empressé, qui nous fait bien augurer de notre premier pas en Espagne. — Le retour pédestre à Bourg-Madame, par la fraîcheur du soir, est charmant; mais quelle funèbre nouvelle nous apporte le journal que, suivant une fâcheuse habitude, le voyageur parcourt d'un œil distrait! Hier, 31 mai, un effroyable attentat s'est produit à Madrid; le jeune roi et son épouse ont échappé par miracle; il y a de nombreux morts et blessés. Pauvre Espagne ! ne pourras-tu donc jamais être assurée du lendemain ?

Un de nos amis nous quitte à Bourg-Madame. Grand voyageur, il poursuit le record des capitales de l'Europe, sans compter les métropoles des autres parties du monde qui, déjà, figurent sur sa liste; il veut y ajouter la modeste capitale de l'Andorre. A cet effet, il remontera jusqu'à l'Hospitalet la route d'Ax et du haut Ariège, et, de là, descendra sur Andorre *au mieux*, c'est-à-dire par des sentiers muletiers. Puis notre bande s'est renforcée de nouveaux venus. Tandis qu'on active les préparatifs du départ, je pousse à la hâte une pointe jusqu'au village voisin de Hix. Intéressante église romane : je note l'abside circulaire à la corniche lombarde agrémentée de dents de scie et soutenue par des modillons ouvragés ; au chevet, deux fenêtres étroites, allongées, flanquées de colonnettes en retrait, accouplées par paire, deux paires à l'une, une seule paire à l'autre ; le clocher carré est sans caractère.

Nous partons. La douane espagnole, pressante tout d'abord, s'adoucit subitement, — on connaît les arguments d'usage, — et nous laisse passer. Nous contournons à sa base la colline où se dresse Puycerda ; un instant nous descendons le cours de la Sègre ; bientôt nous la quittons pour nous élever par une route en lacets. La fraîcheur matinale est intense, la solitude complète autour de nous ; des pentes dénudées, rocailleuses, parsemées seulement de touffes de genêts ; au fond du ravin, le torrent écumeux se fraye passage à travers pierrailles et halliers. Nous atteignons le col de Tosas, 1,800 mètres d'altitude, faîte de partage entre les eaux de la Sègre, affluent de l'Èbre, et celles qui, par le Ter, se rendent directement dans la Méditerranée ; adieu à la Cerdagne, nous sommes en Catalogne. — A partir de ce moment, l'aridité du sol s'atténue, le désert se fait moins âpre ; la végétation, et avec elle l'habitation humaine reparaissent, en même temps que les cimes neigeuses fuient dans le lointain. Mais la pente est rapide, les tournants vertigineux ; nous côtoyons l'abîme, non sans quelque péril, et, par instant, nous essayons de tempérer la fougue de notre automédon ; peines perdues : l'amour-propre s'en mêle et, peut-être aussi, le désir d'arriver au gîte. A Ribas, gros village au pied du col, le déjeuner est bienvenu ; pour mets, la truite du torrent ; pour hôtesse, une Catalane accorte. Jusqu'à *Ripoll,* la descente continue, mais fort atténuée. Nous courons à la gare, nous nous enquérons du train pour Vich ; après trois journées de voiture en pays escarpé, le railway nous apparaît comme une nouveauté,... mais il n'est plus de départ avant demain matin, et il est à peine trois heures de l'après-midi. N'importe, la déception n'est point grande ; nous n'avons jamais songé à *brûler* Ripoll ; la ville renferme assez d'attractions pour occuper nos loisirs un peu prolongés.

L'église est sise à l'extrémité de la ville, par un dédale de rues tortueuses, se coupant et se recoupant, au désespoir du touriste ; elle appartenait à l'abbaye bénédictine de Santa-Maria, fondée par Wilfrid le Velu, comte de Catalogne, aujourd'hui sécularisée. Le porche, largement ouvert, repose sur une gracieuse colonnade ; la façade, à l'intérieur du porche, est toute décorée de sculptures archaïques sur pierre, d'une large envergure, en haut relief, représentant des scènes de chasse avec animaux énormes, puis des saints dans leurs niches, et encore, au sommet, des actes de la vie civile ou religieuse. A la porte elle-même, des voussures d'encorbellement ornées de petits personnages, de fleurons, d'entrelacs, reposent sur de fines colonnettes ou sur des pieds-droits à décoration similaire. L'ensemble est imposant, avec un caractère de lourdeur dû au développement considérable en largeur sur peu d'élévation; on peut reporter la date des sculptures au XIIe ou au XIIIe siècle; en tout cas, elles comptent parmi les plus anciennes de l'art espagnol. — A l'intérieur, l'église, d'une origine très ancienne, a été évidemment refaite; elle est à cinq nefs: la lourde nef centrale, soutenue par d'énormes piles carrées, remonterait aux IXe-Xe siècles; les collatéraux, un peu moins anciens, sont séparés les uns des autres par des piles alternées de colonnettes; pas de chapelles latérales, sauf au transept du XIe siècle, dont chaque bras en contient trois. L'abside est également du XIe. La décoration intérieure s'échelonne au cours des siècles suivants, jusqu'au XVIe, date de l'aménagement du chœur surélevé. Une obscurité profonde règne dans tout le vaisseau; un vicaire obligeant nous en fait les honneurs au jugé, ou plutôt à la clarté d'une bougie; les fenêtres sont rares, étroites, garnies de vitraux de couleur. A la croisée s'élève une tour carrée, tronquée; deux autres tours, dont l'une également tronquée, surgissent à la façade; l'autre, le grand clocher, domine le cloître.

Nous avons hâte d'aborder le cloître roman, du XIIe siècle, refait au XVe. Il est à deux étages, par suite, presque unique. Nous n'en connaissons pas de similaire en France, depuis que celui d'Elne a perdu son étage supérieur; la vieille petite église Santa-Ana, de Barcelone, en possède un que nous eûmes le tort de ne pas visiter; nous en trouverons un autre, imparfait, à Palma de Majorque. A Ripoll, l'uniformité de la construction est absolue: les colonnettes géminées soutiennent les arcs en plein cintre; elles sont plus élancées et plus hautes au premier étage. En général, le soubassement est commun; pour certaines cependant, les bases sont séparées; on peut dire qu'elles diffèrent selon le côté du cloître. La décoration des chapiteaux présente un grand luxe, spécialement au rez-de-chaussée: ce sont des personnages, des animaux, des feuillages, des palmettes, en grande analogie avec le cloître d'Elne. Aux angles sont de gros piliers carrés accostés de colonnettes. La retombée des arceaux au rez-de-chaussée, à l'intérieur du quadrilatère, est soutenue sur trois faces par de petites colonnettes; à la quatrième face, cette tombée va simplement, en s'amincissant, reposer sur le chapiteau lui-même; parfois une tête intervient comme sujet de décoration à la retombée. Au pourtour du cloître, des motifs de sculpture sont encastrés dans la muraille; un puits se creuse au centre du préau. La haute tour carrée, crénelée, est revêtue de bandes lombardes, avec décoration en fausses arcatures; aux 1er et 2e étages, elle présente deux fenêtres simples; aux 3e et 4e, deux fenêtres géminées; pas de corniche en dents de scie.

Telles sont, autant que le comportent mes notes prises à la hâte, les caractéristiques essentielles de ce cloître fameux en Archéologie; les cartes postales illustrées aident à fixer les souvenirs; mais combien de lacunes, qu'un second voyage seul pourrait combler! A combien d'ingéniosités le touriste n'est-il pas forcé de recourir? Nous sommes à quelques lieues seulement de la frontière, et déjà la langue française n'est plus en usage; notre bagage espagnol linguistique est bien léger, et encore, en pays catalan, ne nous sert-il que peu! Dans les musées et les églises, avec les prêtres et les savants, nous nous hasardons à parler latin; or, la ressource est faible, et nous ne sommes pas toujours compris. Notre prononciation latine est détestable, chacun est d'accord à ce sujet, il serait temps d'y remédier. L'éducation classique que nous avons reçue nous permet d'écrire à peu près correctement dans la langue de Cicéron, mais la parler est autre chose; les mots usuels font défaut; l'habitude manque; avec quelques jours de pratique, elle se ferait; en attendant, plus d'une fois nous restons bouche béante, alors que, semble-t-il, les mots latins devraient se presser sur nos lèvres; et, phénomène bizarre, quand le mot arrive, il se présente en la langue qui nous est la plus familière, soit en allemand pour celui qui écrit ces lignes. Enfin, et c'est là peut-être une idée que l'amour-propre nous suggère, il semble que tous ces savants auxquels nous nous adressons, ne soient pas eux-mêmes bien familiers avec le latin; déjà nous avons constaté, en mainte occasion de nos voyages, et avant que les langues mortes fussent atteintes chez nous d'un discrédit officiel et immérité, nous avons constaté que l'éducation classique française était la plus solide de toutes celles de l'Europe; le fait qui nous frappe aujourd'hui serait-il une confirmation de cette constatation?

Certains diront que nos difficultés de compréhension en pays étranger prouvent une fois de plus la nécessité d'une langue universelle. Nous sommes d'accord avec eux; mais nous différons bien vite, quand ils proclament que cette langue doit être l'*espéranto*; jadis ce fut le *volapük*; peut-être demain sera-ce quelque idiome nouveau-venu. Pourquoi créer une langue nouvelle, dont les adeptes ne se chiffrent encore que par quelques milliers, quand nous avons à notre disposition la langue universelle type, soit le latin, que tout lettré, ou simplement tout *honnête homme,* dans le sens qu'on attachait à ce mot au *grand siècle*, que tout *honnête homme* a apprise dans sa jeunesse? Mais alors faudrait-il que, par ordre supérieur, le latin fût relevé de son discrédit. Hélas! que de conditions à remplir! Que de difficultés à vaincre pour arriver à n'importe quel résultat sensé!

En attendant, sur la terre étrangère, le touriste qui a quelque besogne d'ordre inférieur et tout à fait urgent, soit un parapluie à réparer ou quelque menu suffrage de ce genre, est heureux lorsqu'il rencontre un compatriote, Auvergnat ou Poitevin, prêt à se mettre à sa disposition ; ce sont là les petites joies du voyage, et on les savoure avec bonheur. — A l'hôtel *del Monasterio*, on n'est point polyglotte, mais on se met avec bonne grâce à notre disposition. Il est d'usage constant en France de plaindre le voyageur au-delà des monts, et cela, pour trois raisons : c'est que les trains de chemins de fer ne marchent pas, que les hôtels y sont mauvais, et la nourriture détestable; or, sur l'un comme sur l'autre point, il y a exagération manifeste : — négligeant les petites lignes, où les trains marchent *quelquefois*, et avec lenteur, nous avons constaté sur les grandes lignes et sur celles d'importance moyenne, une vitesse raisonnable, et des trains suffisamment *express* qui fonctionnent régulièrement, la nuit seulement, il est vrai ; — les hôtels de premier ordre, il ne faut descendre que dans ceux-là, sont bons, je dirai même très bons;

seulement, se garder avec soin des *casas de huespedes* et autres maisons meublées, où l'insecte parasite et malveillant foisonne plus que de raison ; — quant à la nourriture, elle est actuellement bonne partout, ou peu s'en faut ; elle est même, par exagération, devenue cosmopolite, c'est-à-dire que les mêmes mets règnent en maîtres d'un bout à l'autre du monde civilisé, et qu'il faut faire effort désormais pour se procurer les mets nationaux, *puchero* ou *olla podrida*.

Tels sont les principes que nous avions déjà posés il y a trois ans, au cours de notre premier voyage en Espagne, et dont le voyage actuel ne fait qu'apporter la confirmation. Ainsi, à l'hôtel de Ripoll, qui n'est pas assurément de premier ordre, — l'importance de la localité ne le comporte point, — nous sommes convenablement nourris, logés de même ; on nous sert au repas, comme boisson, du *Claret-Rioja*, sorte de vin de Bordeaux local, du *Val de Penas*, du *Rancio*, tous crûs fort appréciables. Nous sortons un instant pour assister au Salut, ce soir veille de Pentecôte ; mais, quand nous abordons l'église, les derniers chants retentissent, et les fidèles sortent en masse ; n'importe, notre présence produit bon effet : un Français, point frondeur ni voltairien, paraît chose insolite à l'étranger ; on nous regarde avec bienveillance, et, l'instant après, quand nous surprenons au carrefour voisin des jeunes gens se livrant aux danses catalanes, ils nous accueillent favorablement, et reprennent leurs entrechats pour nous être agréables. Bien plus, au milieu de la nuit, et au moment où nous savourons un repos bien mérité, quelques vagues accords retentissent sous nos fenêtres; nous prêtons maussadement l'oreille, c'est la *Marseillaise* qu'on nous joue, bientôt suivie d'un refrain de café-concert. L'intention est bonne, et, en sa faveur, nous pardonnons notre sommeil interrompu.

Soyons s'il est possible, et quoi qu'il arrive, de constante bonne humeur en voyage. Töppfer pose en principe que le touriste, se présentant dans un hôtel ou auberge avec figure ouverte, disposé à trouver bonnes toutes choses, ou du moins à ne rien blâmer de parti pris, que ce touriste recevra invariablement bon accueil, et à l'usage n'aura guère à se plaindre; or le professeur genevois s'y connaissait; faisons de même à l'occasion, et le procédé, j'en ai l'expérience, nous réussira. Seulement, et par contre, gardons-nous de toute familiarité inutile, et sachons conserver, sinon notre dignité, du moins le complet respect des autres et de nous-mêmes. Le laisser aller *bon enfant* que le Français affecte le plus souvent en voyage, n'est pas sans lui nuire, surtout auprès d'un peuple plein de dignité, ayant conscience de sa valeur, comme est l'Espagnol. N'oublions pas que nous jouissons à l'étranger d'une réputation de légèreté malheureusement justifiée, et soyons sérieux sans exagération, si nous voulons qu'on nous traite de même.

Le lendemain, à la première heure, nous partons pour *Vich*, ville plus importante, 12.000 habitants; elle est en fête à l'occasion de la solennité de la Pentecôte; la garnison, hussards, chasseurs à pied, artilleurs, se rend officiellement à la messe. La cathédrale, du xie siècle, a été modernisée au commencement du xixe; elle répond au type habituel des églises espagnoles, *trascoro* richement décoré fermant le chœur des chanoines, lequel s'ouvre plus ou moins, — ici il s'ouvre d'une manière complète, — du côté du maître-autel. Une haute tour carrée domine l'édifice; elle présente les arcatures simulées, la corniche et les bandes lombardes déjà maintes fois relevées. A la cathédrale est accolé un cloître gothique, au centre duquel se dresse la statue du philosophe Jacques Balmès; les fenêtres du cloître sont ornées de remarquables nervures; aux chapiteaux sculptés figure, entre autres motifs, la Création du monde.

Mais ici l'attraction majeure réside dans le Musée épiscopal, lequel s'ouvre au premier étage du cloître. Le chanoine Gudiol y Cunill, conservateur du Musée, membre de la Société française d'Archéologie, et lui-même archéologue distingué, nous en fait les honneurs avec une parfaite bonne grâce. A l'entrée, le palais épiscopal, la Salle synodale enrichie des portraits des évêques; puis le le Musée lui-même, collection d'une extrême richesse, où l'archéologue, l'historien, le simple amateur trouvent également à glaner. — Ce sont d'abord les médailles, bijoux religieux, croix, faïences, une Vierge reposant sur une croix patriarcale et écrasant un serpent à deux têtes; la période de domination arabe, qui dura un siècle dans la région, est représentée par un seau en bronze pour aspersions. Puis des costumes féminins catalans, des éventails, des peignes, des objets en ivoire, en écaille, de délicates verreries; des tapisseries de Flandre, de Bruxelles, de Catalogne; des coffrets, des ornements d'église; une merveilleuse collection de primitifs catalans : l'école catalane conserva son individualité jusqu'au xve siècle. Nous notons un Christ habillé; ce n'est point pour nous un spécimen unique, depuis que nous parcourons la Cerdagne et la Catalogne; or, cette particularité dériverait d'une légende relative à saint Martin : le saint aurait vu, dans la représentation d'un mystère, un moine figurant le Christ en état complet de nudité; il lui en aurait fait honte, telle serait l'origine des Christs vêtus. Et encore des chartes, des missels, des manuscrits : la Charte de consécration de la Cathédrale de Vich, dans laquelle figurent l'évêque de Carcassonne et autres prélats français; l'archevêque de Narbonne réclamait la suprématie sur le diocèse de Vich, lequel se refusait à l'admettre. Une dernière bizarrerie, soit une grille de confessionnal renforcée d'une plaque métallique percée de trous...... Il y aurait matière à un examen de plusieurs heures, que dis-je, de plusieurs journées, sans que l'admiration parvînt à s'émousser. Et pendant ce temps, au-dessous de nous, la procession épiscopale se déroule autour du cloître.

Le Musée archéologique, encore peu développé, est installé dans un édifice de construction romaine, qui fut plus tard le château des Comtes de Foix, et a été récemment restauré. Au surplus, tout disparaît à Vich, et dans nos souvenirs, et dans la réalité, auprès du Musée épiscopal, et l'on jette un regard distrait sur la Place de la *Constitution*, — cela manquait à notre second voyage en Espagne, alors que, dans le premier, il nous avait paru qu'on faisait au-delà des monts un étrange abus de ce vocable, — ladite place cependant pittoresque avec ses arcades inégales et diverses, ses maisons dont certaines revêtent une apparence seigneuriale, et la tour carrée de l'Hôtel de Ville se dressant à l'un des angles. — Au déjeuner survient le bon chanoine Collell, celui-ci parlant français au mieux; point n'est besoin que notre archiviste de la Haute-Garonne nous serve d'interprète; on se congratule, on échange des paroles aimables, et nous quittons Vich sous l'impression la plus favorable; à cinq heures, nous sommes à Barcelone. — Ici, nous allons nous retremper dans la civilisation et le tumulte de la grande ville; mais nous n'aurons garde d'oublier les petites cités catalanes, si caractéristiques, si hospitalières. A l'hôtel des Quatre-Nations, sur la *Rambla*, affluent les Congressistes; il semble que la Société française d'Archéologie ait tout entière, comme nous, franchi les Pyrénées. On se retrouve avec joie, on échange ses impressions, on forme de nouveaux projets.

Barcelone m'est déjà connue, j'y ai passé deux jours en 1903. C'est toujours la belle et grande cité, traversée de part en part par cette superbe Rambla, large rue plantée d'arbres, à trois chaussées pour les voitures séparées par deux rangées de trottoirs, où règne à toute heure de la journée une fraîcheur délicieuse. Sous les beaux ombrages se pressent les flâneurs, défilent les jolies filles coiffées de la mantille, une fleur éclatante piquée dans la chevelure; et les bouquetières foisonnent avec leur étalage en plein vent; foule bruyante, où glapit le marchand de journaux, car Barcelone, comme toute l'Espagne d'ailleurs, est désolée par la politique. Celle qu'on fait ici est assez médiocre, si j'en juge par la récente délibération du Conseil municipal, qui aurait refusé de voter une adresse aux Souverains pour les féliciter d'être sortis indemnes de l'attentat. La grande cité catalane fut toujours le boulevard des idées républicaines; les anarchistes y ont, assure-t-on, l'oreille du peuple; la légende des cachots de Montjuich est encore vivace, et la ceinture de bourgades industrielles qui se pressent dans la banlieue, entretient au mieux ce mouvement. L'assassin de Madrid est, assure-t-on, originaire de Sabadell, à 25 kilom. de Barcelone; peut-être s'y est-il réfugié, et, dans quelques jours, lorsqu'on apprendra sa fin tragique, la nouvelle rencontrera plus d'un incrédule.

Une vieille église, celle de San-Pablo, m'a échappé lors de mon premier voyage; je tiens cette fois à la visiter. L'abord n'en est pas facile; dans la longue et populaire *calle* San-Pablo, l'édifice est mal avoisiné; il faut pénétrer par une maison particulière, insister pour obtenir accès. Nous sommes toujours surpris, nous Français, de trouver close la maison du Seigneur; mais il en est ainsi le plus souvent en pays étranger; il faut croire que la piété des fidèles s'en accommode, ou du moins qu'elle ne proteste pas. — Fondée en 914, San-Pablo serait la plus vieille église de Barcelone; elle appartenait à l'origine à un couvent de Bénédictins, et constitue un excellent spécimen de la vieille architecture catalane. Les motifs d'ornementation au portail, soit les symboles des apôtres saint Jean et saint Mathieu, et au-dessus, encastrée dans la muraille, une main bénissante, comptent parmi les premiers essais de sculpture sur pierre au-delà des monts. La façade de l'église est du type catalan; arcatures lombardes, énorme *oculus* au sommet; appareil grossier, du moins jusqu'à demi-hauteur; plus haut, il a été repris. Point de clocher, seulement un archaïque campanile percé de baies pour les cloches; au-dessus de la croisée, une coupole octogonale. — L'intérêt se partage entre cette façade bien caractéristique, vénérable en son ancienneté, et le cloître voisin, dont les arceaux sont tréflés, dans le style arabe, à trois ou cinq lobes suivant les côtés; chapiteaux romans, colonnettes gémellées isolées ou accolées à des piles carrées suivant l'alternance.

Je me retrouve avec plaisir à la cathédrale. Dans le dédale de ruelles qui s'enroulent autour du majestueux édifice, l'esprit se repose du tumulte de la Rambla; mais, pour y pénétrer, il faut attendre trois heures de l'après-midi, heure officielle. On se fatigue d'errer sur le pavé raboteux, de contempler les vieilles demeures, Palais épiscopal, Archives d'Aragon, Musée provincial, qui se présentent au pourtour, et font au gigantesque édifice comme un cortège suranné. Enfin la porte s'ouvre; voici le merveilleux cloître; je vais à loisir contempler et méditer. — C'est aujourd'hui le lundi de la Pentecôte, jour de fête en notre France peu chrétienne, et, à cette heure de la journée, vêpres auxquelles assistent toujours quelques fidèles; en la catholique

Espagne, semble-t-il, la piété devrait mieux encore se donner carrière; mais non. Pas plus en ce jour qu'en d'autres jours de fête, je n'ai constaté, au cours de l'après-midi, aucune cérémonie pieuse; peut-être quelque office pour les chanoines, et c'est tout. Ici encore, aucune foule ne me gêna; sauf quelques vieillards, quelques enfants qui, par habitude, se hasardent à mendier.....

Quelles délices d'errer au superbe cloître gothique, décoré de pierres tombales en son pourtour, de savourer la fraîcheur à souhait de ce vaste préau, planté de palmiers, de néfliers, d'araucarias, avec jet d'eau et petit bassin d'eau vive ! Sans doute le cloître n'éveille point de précieux souvenirs archéologiques comme ceux de Ripoll, d'Elne et de Fontfroide; il est moins ancien, moins ascétique, et par suite plus reposant, plus humain; on se sent moins isolé du monde, et l'esprit trop tendu les jours précédents, éprouve ici une sensation de délassement infiniment agréable. — Et la merveilleuse cathédrale, que j'avais admirée il y a trois ans, pour ainsi dire à la dérobée, englobé que j'étais dans le tumulte de l'*Attollite portas* et les splendeurs de la fête des Rameaux, je la revois cette fois à loisir, à tête reposée, presque perdu dans son immensité. Les dimensions, en effet, en sont grandioses, 83 mètres de longueur sur 37 de largeur, avec 25 mètres de hauteur à la nef centrale. Construite au XIVe siècle, terminée seulement au xve, elle n'est pas, si l'on veut, de la grande époque gothique, celle des cathédrales de Burgos et de Tolède ; elle n'en frappe pas moins le visiteur, et produit une impression majestueuse et sévère. La façade, de pur style gothique, est moderne ; de même la coupole octogonale ou *cimborio*, qui s'élève à la première travée de la nef principale ; les deux tours du transept sont du moyen-âge. — A l'intérieur règne cette fâcheuse obscurité, si fréquente en Espagne, due à l'exiguïté des fenêtres ; une grande nef, deux nefs latérales flanquées de rangées de chapelles. Au chevet, la *Capilla mayor*, profonde, ceinte d'un déambulatoire et d'une couronne de chapelles. Vingt énormes piliers en faisceau séparent la nef centrale des collatéraux, et la *Capilla mayor* de son déambulatoire ; dans cette enceinte de piliers, le *coro* ou chœur des chanoines occupe deux travées de la grande nef ; il est précédé de son *trascoro*, où se détachent en relief des épisodes de la vie de sainte Eulalie, patronne de la cité, et garni de stalles richement sculptées.

A mon voyage de 1903, je relevais déjà de quelle manière fâcheuse, dans les cathédrales et les abbatiales, ce *coro* envahissant s'impose au visiteur dès l'entrée : il rompt la perpective entre les deux pôles de l'édifice, *puerta mayor* et *capilla mayor;* il en assombrit l'immensité par sa haute clôture ; heureux quand il laisse quelques travées de la nef principale à la disposition des fidèles ; mais, le plus souvent, il en envahit et en occupe la presque totalité, à ce point que le visiteur, débouchant par la grande porte, se trouve immédiatement enfermé dans une espèce de porche intérieur borné par le *trascoro*, et n'a d'autre ressource que de se jeter dans les collatéraux pour trouver, en une mesure infinitésimale, air et lumière. En un mot, le *coro* gêne le fidèle, l'empêche de diriger normalement ses regards et sa prière vers le sanctuaire, et ne lui laisse guère que l'accès des chapelles. — On répondra à cela, que la Cathédrale est surtout le domaine des chanoines, que par suite il est juste que la première et meilleure place leur soit réservée; mais on dira, mieux encore, que tel est l'usage au-delà des monts, et que la piété espagnole s'en accommode parfaitement. D'ailleurs, en France même, nos jubés avec clôture de chœur demeurée intacte comme à Albi, ne produisent-ils pas le même fâcheux effet ? C'est là ce qu'on pourrait soutenir, en s'empressant toutefois de remarquer que, dans nos cathédrales françaises, le chœur ne déborde pas sur la grande nef, au point de l'absorber d'une manière presque complète; la part du chapitre est faite, mais celle des fidèles, éminemment respectable, est sauvegardée.

Au sortir de la Cathédrale et de mes méditations, la vie mondaine reprend ses droits. Deux de nos amis arrivent de Majorque; ils vantent le charme de l'île, la douceur de la traversée; un bateau part ce soir à sept heures, en un clin d'œil nous décidons de le prendre; les valises sont bouclées, et dès six heures, nous sommes à bord. — Le bateau porte le nom de *Llullo*, et évoque le souvenir de ce Majorquin du xiii⁰ siècle, Raymond Lulle, qui d'abord sénéchal de Jacques Ier, roi d'Aragon, mena une jeunesse plus que dissipée, puis, touché de la grâce, prit l'habit de Saint François, et fut regardé par les uns comme un saint et un inspiré, par les autres comme un insensé et un hérétique. Sans prendre parti, ce qui nécessiterait de ma part des recherches et des études quelque peu arides, je dirai seulement que, d'une façon générale, Lulle conserve la réputation d'un travailleur prodigieux, — son *Ars generalis* se compose de seize parties dont chacune concerne une science spéciale ; c'est une véritable encyclopédie résumant les connaissances du temps; dans la seizième partie, quatre mille questions sont posées et résolues; — mais en même temps d'un esprit paradoxal, substituant les mots aux choses, n'arrivant qu'à faire, sans discernement, discourir de ce qu'on ne sait pas. Dans ce grand ouvrage de l'*Art universel*, autrement dit le *Grand Art*, il combine d'après certains procédés mécaniques les idées les plus générales et les plus abstraites; pour nos esprits affamés d'ordre, de clarté, cette méthode ne peut paraître que factice... Mais une vie d'études contemplative ne suffisait point à l'activité dévorante de son esprit; il prétendit convertir les Infidèles par la raison, en se conformant aux principes de la méthode qu'il croyait avoir découverte; et, ne parvenant point à enrôler les souverains dans la croisade pacifique qu'il méditait, il entreprit de parcourir les pays musulmans, et de travailler seul à la conversion des profanes. Après avoir erré de longues années sur les plages barbaresques, il meurt en 1315 à Bougie, lapidé par ceux qu'il essayait de convertir; ses compatriotes le tiennent, non sans raison, pour un martyr.

Le *Llullo* nous sera clément, malgré son aménagement défectueux, le pont encombré de marchandises, d'agrès, de passagers de 3e classe nombreux et turbulents, qui restreignent d'une façon étrange l'emplacement concédé aux voyageurs de luxe. Mais la mer est superbe, pas un soupçon de houle, un vrai lac, mieux que le lac de Genève, où nous avons vu des bateaux désemparés, mieux que le Rhin, où certains passagers, en notre présence, ressentirent les atteintes du mal de mer. Ici, rien de semblable: on s'embarque, on dîne, on prolonge la soirée sur le pont pour jouir de ce délicieux *farniente*, le bateau fendant la mer de son étrave, laissant derrière lui un long sillon lumineux que la lune argente de sa douce clarté. Tardivement, on gagne sa cabine. Dès quatre heures du matin, on est sur le pont: il fait grand jour, le soleil darde ses rayons, et en illumine une terre voisine, escarpée, abrupte, dont les roches blanches étincellent ; c'est la *Dragonera*, îlot servant d'avant-poste à la grande île. Le bateau la longe et la contourne à courte distance. Puis c'est Majorque elle-même, des roches non moins escarpées, non moins abruptes ; les villages sont à l'intérieur, au fond de quelque *marine*, ou, mieux encore, perchés sur les sommets. Ainsi en va-t-il tout le long de la Méditerranée, où pendant des siècles, les pirates sarrasins inspirèrent la terreur et enseignèrent à se garder ; çà et là, des tourelles de guet, les blancs *talayots* (1), dominent la mer. Nous débouchons enfin dans une vaste baie en fer à cheval, ceinte d'un hémicycle de montagnes rocheuses ; à gauche, un château-fort pittoresquement campé, Belver ; puis un éparpillement de maisons blanches, de villas, et, au fond, une puissante agglomération humaine, l'aspect d'une grande ville avec sa cathédrale dominante, ses palais, soit un merveilleux coup d'œil d'ensemble, et, si l'on veut, un fragment de la métro-

(1) Le terme de *talayot*, désignant un édifice de petite dimension en forme de cône tronqué, dérive du mot *atalaya*, lequel signifie *tour d'observation*. On a rapproché les talayots des Baléares des *nuraghi* de Sardaigne, qui affectent des formes analogues, et dans lesquels on a voulu voir successivement des tombeaux, des lieux sacrés où l'on adorait le feu, des tours de refuge, finalement de primitives habitations ; les uns et les autres présentent toujours, en effet, au moins une chambre intérieure, souvent un escalier conduisant au sommet. On est d'accord pour leur attribuer une origine fort ancienne, remontant aux Phéniciens, aux Tyrrhéniens ou aux Pélasges. (BATISSIER, *Histoire de l'Art monumental dans l'antiquité et au moyen âge*, 2ᵉ édition, 1860, p. 323-327 ; cf. Élisée RECLUS, *Nouvelle Géographie universelle*, t. I, p. 691, 795.)

pole détaché, reconstituant à lui seul tout l'organisme de la patrie. Nous sommes à *Palma.*

La superficie de Majorque représente à peu près celle de la moitié d'un département français ; sa population est de 300.000 habitants. Elle comprend des éléments fort divers, car, depuis les temps les plus reculés, elle a subi l'invasion de tous les peuples qui, temporairement ou définitivement, ont dominé la Méditerranée ; cependant, en raison de la proximité, il était inévitable que l'élément catalan y gardât la supériorité. Il en est de même pour la langue, qui doit être considérée comme un dialecte catalan, et le catalan lui-même comme un rameau détaché du tronc de la *langue d'Oc.* — Quant à la configuration de l'île, elle se présente sous la forme d'un quadrilatère affecté sur les faces Nord et Sud de profondes découpures ; une ligne idéale tirée de la baie de Palma au sud-ouest à la baie d'Alcudia au nord-est, diviserait l'île en deux parties offrant des aspects très divers : celle de l'est, toute de plaines ; celle de l'ouest, au contraire, étrangement accidentée, et présentant des sommets de 1.500 mètres d'élévation. De là, de profondes différences de végétation et de culture ; au surplus, à peine un cours d'eau digne de ce nom ; rien que des torrents le plus souvent à sec, mais se convertissant parfois en fléaux dévastateurs : telle la Riera de Palma.

Cette diversité de configuration dicte tout naturellement son plan de campagne au touriste dont le temps est mesuré. Nous déposons hâtivement notre bagage au Grand Hôtel, un superbe établissement très confortable et tout neuf, — jusqu'aux dernières années, ce rouage essentiel faisait entièrement défaut à Palma, — et, à l'extrémité de la ville opposée au port, nous sautons en wagon. La voie ferrée pointe droit au centre de l'île; la campagne est fertile, des vignes, des oliviers; une plaine immense que borde à l'extrême gauche la haute chaîne. Foule bruyante, longs arrêts aux stations; tout le monde, dans ce microcosme social, se connaît et s'interpelle. A Inca, le chemin se détourne à angle droit vers l'Est; l'aspect change, la campagne devient déserte, le sol pierreux; de petits tertres au sommet desquels se dresse quelque moulin à vent. — Le point *terminus* est Manacor, petite ville de 12.000 habitants, la seconde de l'île, aux longues rues poussiéreuses, étroites, bordées parfois de longs murs aveugles qui les attristent étrangement; nous la traversons sans arrêt, nous réservant de la voir au retour. Par une route cahoteuse, toute en descentes et en montées rapides, le char nous entraîne à *Porto Cristo*, petite plage rocailleuse, agréablement située, ceinte d'un cordon de villas pour le moment solitaires, où, dans la saison, les habitants de Palma ou de Manacor viennent goûter, sinon quelque fraîcheur, du moins les délices de la pêche et du *far niente* en toute simplicité. La chaleur, au surplus, n'a rien d'accablant, toute cette région étant constamment balayée par la brise de mer.

D'où vient ce nom bizarre de Porto-Cristo ? D'un vœu pieux formé par un batelier en péril, qui promit, s'il échappait, de déposer un christ dans l'église voisine; et, de fait, le christ, dûment vêtu suivant la mode locale, est à l'église de Manacor. — A la *fonda* du lieu, une agréable Majorquine nous sert de bonne grâce à déjeuner, et nous contemplons le *rebozillo*, guimpe de tulle blanc qui se noue sous le menton, seul ressouvenir du costume national, donnant du moins à la physionomie une extrême expression de douceur. Nous laissons de côté le joli petit port en cuvette, ouvrant sur la mer par un étroit chenal, où l'eau paisible miroite sous les éclatants rayons du soleil, pour descendre à la *Cueva del Drach*, la Grotte du Dragon, but essentiel de l'excursion, soit une promenade d'une heure et demie sous terre, à travers stalactites et stalagmites, côtoyant les petits lacs, nous arrêtant de temps à autre pour contempler, à la lumière électrique, quelque bel aspect de voûte ou quelque concrétion fantastique. Je suis un peu blasé de ce chef, ayant vu les grottes de Han, celles de Dargilan, me préparant à visiter le gouffre de Padirac, et préférant, en dernière analyse, les beautés du dehors auxquelles la lumière du soleil donne des aspects sans cesse variés et animés, aux beautés du dedans qui, privées du *grand magicien*, demeurent, à tout prendre, constamment inanimées et uniformes. Ceci, sans vouloir déprécier les grottes du Drach, et en envoyant même une expression de regret à celles voisines d'Artá, plus grandioses, paraît-il, et d'une entrée vraiment majestueuse, mais trop éloignées pour être comprises dans notre excursion.

Au retour, courte station à Manacor, pour rendre visite à l'église. Elle est monumentale, non sans valeur archéologique, mais en voie de reconstruction et de changement d'orientation ; il n'est point facile de discerner quels sont les projets de l'architecte, malgré les explications assez prolixes que nous donne le guide. Nous les acceptons de confiance, et nous bornons à noter de nombreux *ex-voto*, notamment le christ à jupon de mousseline provenant du vœu du pêcheur de Porto-Cristo. A la gare, affluence bruyante de gens qui regagnent Palma, ou simplement reconduisent des amis à quai ; les trains sont doublés ; les voyageurs de 3ᵉ classe, trop nombreux, sont installés debout sur simples *trucs ;* çà et là, quelques jolies filles en *rebozillo*, et les *guardias civiles* d'escorte maintenant le bon ordre et la décence. — Le soir, à Palma, sous prétexte de couleur locale, nous recherchons les distractions que peut offrir une cité de 60.000 habitants : elles sont nulles ou à peu près, point différentes de celles d'une ville calme de province qui s'endort sans bruit.

La seconde excursion nous conduit en la partie montagneuse de l'île. Au sortir de Palma, des champs d'oliviers, des canaux bordent la route, souvenir des *acequias,* d'origine arabe, dans lesquelles se recueillait avec soin l'eau trop rare des torrents. Nous abordons la montagne ; c'est, en un site étrangement sauvage, où la végétation folle, les buissons, les halliers se donnent libre carrière, la *Chartreuse de Valldemosa*, abandonnée de ses hôtes depuis 1836, et dans laquelle, en 1838, George Sand et Chopin trouvèrent asile. A vrai dire, les amours de ces deux êtres de génie, femme de lettres incomprise et musicien poitrinaire, nous laissent, aujourd'hui, assez froids ; on préfère oublier, et ne se ressouvenir que de George Sand assagie, la *bonne dame de Nohant.* Le site, au surplus, était merveilleusement choisi pour calmer des amours furibondes : la solitude monacale en un recoin de montagne, une vaste échancrure ouvrant sur la plaine, comme pour conserver vivante la silhouette du monde extérieur. Combien tout cela est loin aujourd'hui ! L'église conventuelle à peu près abandonnée, quelques reliques, les cellules vides, le cloître silencieux, et un bon bourgeois placide qui nous détaille ces choses pour lesquelles Paris se passionna jadis tout un hiver !...

Le site de *Miramar* est un peu moins sauvage, mais non moins désert : une corniche verdoyante à mille mètres d'altitude au-dessus de la mer, toute la végétation des tropiques, des criques où le flot se brise en écumant, des rochers affectant les formes les plus fantastiques. Le sentier étroit monte, descend, épousant toutes les sinuosités de la montagne ; çà et là, un belvédère à l'extrémité du promontoire, des parapets en encorbellement, des kiosques, une chapelle, un petit palais blanchi à la chaux se dérobant au milieu d'un fouillis de verdure ; des jardins à peine entretenus, où la sauvagerie de la nature est respectée, où croissent en liberté les plantes exotiques, cactus, aloès, raquettes... Le site est merveilleux et suggestif, plein de repos et d'oubli ; c'est ici qu'un grand de la terre, l'archiduc Salvator, de la maison d'Autriche, est venu ensevelir sa mélancolie. Le petit palais est un véritable musée ; les *majoliques*, faïences de Majorque, y tiennent naturellement la place d'honneur ; puis ce sont les souvenirs personnels, les portraits de la famille impériale, ceux de la belle et infortunée impératrice dont l'existence fut si tourmentée, jusqu'à ce qu'elle vînt expirer sous le poignard d'un assassin. Cette physionomie rêveuse, où la désillusion des choses de ce monde, la préoccupation de l'au-delà se lisent d'une manière si visible, je ne puis jamais la contempler sans une douloureuse sympathie... Un mausolée de marbre blanc avec statue, chef-d'œuvre de sculpture, évoque le souvenir d'un Hongrois, secrétaire du prince. Une gentille Majorquine, au chapeau de paille haut de forme, reçoit les visiteurs ; la propriété, d'ailleurs, est ouverte à tout venant, et, sur un banc rustique, près d'une source murmurante, le touriste peut savourer son déjeuner en plein air.

Nous quittons à regret cet Éden. A la descente, se détache un groupe d'habitations brûlées par le soleil, le village de Deya, pittoresquement campé dans un bois d'orangers dominant la mer, quelque chose de mauresque en dehors de notre civilisation, soit un ressouvenir d'Eza sur la *Côte d'azur*. Puis une magnifique route en corniche surplombe anses et rochers, jusqu'à un tournant où, subitement, se découvre à nos pieds, en plaine, un vaste cirque ensoleillé, d'une végétation luxuriante, avec agglomération de maisons en son centre : c'est *Soller*. Petite ville quelconque, dans une oasis de pêchers, d'orangers, d'amandiers, au bord d'un torrent, pauvre Mançanarès, auquel on ferait volontiers, en ce moment, largesse d'un verre d'eau !
— La *marine* est à cinq kilomètres, second port de l'île, en communication fréquente avec nos ports méditerranéens pour le commerce des fruits. Sur une éminence rocailleuse où dorment de vieux canons, se perche la modeste église commandant l'entrée du port ; la vue est superbe : merveilleux effets de lumière, sur la mer d'un bleu indigo, dont l'immensité se perd à l'horizon, sur la plage blanchissant au soleil, sur le petit port, gracieusement arrondi, où sommeillent les balancelles ; en arrière,

la ceinture de hautes montagnes, grisâtres, dénudées. Mais la chaleur est intense, la poussière aveuglante; on stationne au hasard sur le seuil d'une école où de jeunes enfants ânonnent distraitement quelque leçon; notre passage est, évidemment, un évènement. Plus loin, sous l'auvent d'une habitation modeste, nous cherchons un peu d'ombre; survient l'habitant, brave marin de Soller, qui connaît Paris, de réputation s'entend, qui parle vaguement notre langue, et s'ingénie à nous faire bon accueil. Petits traits charmants, qui ne s'oublient pas, et qui gravent tel site dans notre mémoire !

Encore une station ravissante à laquelle il faut dire adieu. La montée au-dessus de Soller nous ménage, en arrière, des vues merveilleuses sur les croupes encore ensoleillées, sur le bassin verdoyant que l'ombre du soir commence à envahir; les pentes sont abruptes, les ravines profondes, la route passable au demeurant. Encore quelques tours de roue, nous atteignons le col, 562 mètres; le panorama prestigieux s'évanouit, la nuit approche; par des lacets d'un virage effrayant et sans transition de plateau, nous descendons sur le bassin de Palma. Mais l'attelage est fatigué; sous quelque faux prétexte, on s'arrête à la *fonda* du bord du chemin, et une vieille mendiante prétend, par ses danses burlesques, tromper l'impatience des voyageurs ; on s'en débarrasse à l'aide de quelques *centimos*. En plaine, la fraîcheur de la nuit tombe, saute de température trop brusque après la forte chaleur du jour ; le voyageur s'enveloppe frileusement, pour un peu il grelotterait. Ainsi en va-t-il dans ces pays de chaleurs excessives, et, subitement, reviennent à ma pensée mon séjour d'autrefois sous les tropiques, la fièvre arrivant à l'improviste, les doses de quinine que s'administrait précipitamment l'Européen fourvoyé. La rentrée dans Palma, à huit heures et demie du soir, est bien venue de tous.

Nous avons accompli dans l'île les deux excursions majeures, pour quiconque n'a pas le loisir d'y faire un séjour de quelque durée, mais nous n'avons point encore vu Palma. Le centre de l'animation urbaine est à la *Plaza mayor* et au *Cort*. C'est jour de marché, les échoppes à poisson sont amplement garnies ; la foule se presse, bruyante ; mais l'ensemble est mal odorant, et, quelle que soit la couleur locale, nous ne faisons pas longue station à la *Plaza*. San-Antonio de Viana, au nord de la cité, est intéressant pour sa cour elliptique à deux étages soutenus par des colonnes. Sur le *cort* ouvre la *Casa consistorial* dans le style de la Renaissance, avec portraits des Majorquins célèbres ; on nous fait gracieux accueil ; la municipalité est en fête, tout le monde officiel se prépare au *Te Deum* qui, dans un instant, sera chanté à la cathédrale pour remercier la Providence qui a préservé Leurs

Majestés de la bombe meurtrière. — A Santa-Eulalia, de style gothique, façade moderne. San-Francisco de Asis, autre église gothique, renferme le tombeau de Raymond Lulle; mais elle nous intéresse surtout par son cloître du XIVe siècle à deux étages, non point uniforme toutefois comme à Ripoll, car, si le rez-de-chaussée offre de fines colonnettes soutenant des arcades en tiers-point, l'étage supérieur ne présente que de simples piliers sans ornement, supportant seulement la retombée du toit, ce qui constituerait plutôt un vulgaire promenoir recouvert à une époque postérieure.

Nous revenons par la *Calle del Sol*. C'est le vieux quartier de Palma; quelques antiques hôtels sont à noter, pour leurs portes voûtées en arcades surbaissées, leurs *patios*, les escaliers, les puits avec armature en fer forgé; mais tout cela est simple, modeste, sévère; rien ne rappelle ici l'élégance des patios de l'Andalousie : là-bas le mouvement et la vie; à Palma, seul le souvenir d'une grandeur déchue. Au passage, dans une infime ruelle, les restes d'un bain mauresque (1).

Tout nous appelle à la Cathédrale, au sud de la ville, sur le quai même, dont les hautes murailles servent de base au puissant édifice. Il s'élève, grandiose, soutenu par d'énormes contreforts; de style gothique primaire, dardant au ciel flèches et

---

(1) Les Arabes ne furent expulsés de Majorque qu'en 1209; rien d'étonnant, par suite, que quelque parcelle de leur influence y ait subsisté.

clochetons, il a vu sa décoration extérieure, notamment au portail sud, renouvelée dans le gothique fleuri ; le grand portail est de la fin du xvi⁰.
À l'intérieur, la cérémonie est commencée ; nous ne circulons qu'avec discrétion, et cependant, à l'un des bas-côtés, un agent de police nous barre le chemin : il a sa consigne, nous nous inclinons. L'incident, paraît-il, a été remarqué, car à *la Ultima hora*, journal de Palma de ce même jour, nous notons un entrefilet bienveillant, dans lequel on relève ce minime incident, ne s'expliquant pas pour quelle raison *los turistas extranjeros* ont été victimes de semblable prohibition. Décidément notre présence au-delà des monts ne passe point inaperçue..... Ce n'est pas le moment de pousser plus loin nos investigations, et cependant nous aurions aimé contempler à la chapelle San-Geronimo, le tombeau de la Romana, ce Majorquin qui, au début de l'entreprise de Napoléon en l'Espagne, commandant une division espagnole reléguée par l'Empereur sur les côtes du Danemark, parvint à gagner la croisière anglaise, et ramena ses troupes dans la péninsule pour les joindre à celles de l'insurrection. Bel exemple de patriotique initiative, qui produisit grand effet en Europe, et que nous devons admirer même chez un ennemi !

Dans la cour du Palais royal qui fait face à la cathédrale, et où est installée la Capitainerie générale, la jolie *Capilla* de Santa-Ana, chapelle gothique avec portail roman. Mais le bijou de Palma est la *Lonja*, jadis Bourse de commerce, charmant édifice gothique du xve siècle, avec quatre tours d'angle et parapet autour du toit; la grande salle est divisée en trois nefs par six colonnes torses s'élevant d'une envolée sans bases ni chapiteaux, et ramifiant dans la voûte leurs puissantes nervures en ogive. Au sommet d'une des tours d'angle, la vue s'étend merveilleuse sur la baie demi-circulaire, et sur le château de *Belver* qui en commande l'entrée.

Belver fut notre dernière excursion. La banlieue de Palma est indéfinie de ce côté, toutes habitations charmantes dont l'étincelante blancheur ressort d'un fouillis de verdure, terrain accidenté, série de petites collines nous contraignant à un long détour avant d'aborder la colline maîtresse où se dresse le château-fort. Le *castillo* date de la seconde moitié du xiiie siècle; il se compose essentiellement d'une belle tour ronde avec mâchicoulis, reliée par une passerelle à un massif donjon circulaire ceint d'un large fossé, tous deux, donjon et tour, fortement rempiétés à la base. Le donjon sert de prison d'État, mais les cellules en paraissent uniformément vides; il présente à l'intérieur un préau circulaire avec galerie à deux étages, l'inférieur aux arcades en plein-cintre, le supérieur aux arcades en tiers-point, exactement symétriques à celles du rez-de-chaussée, mais partagées chacune en leur milieu par un pilier tréflé, et trahissant une influence mauresque. Nous faisons l'ascension d'une des tours qui flanquent et dominent le donjon; la vue est superbe, tant sur la baie de Palma que sur l'extrémité occidentale de l'île, vers le rocher de la Dragonera qui monte la garde en sentinelle avancée. Retour par le charmant petit port de *Porto-pi* que commande le *castillo* de San-Carlos, et par les villas du faubourg Santa-Catalina.

Notre séjour à Majorque est terminé. Nous n'avons fait assurément qu'effleurer la grande île, pays fortuné, véritable Éden auquel la nature a prodigué ses dons. Et un mois plus tard, alors que, rentré au logis, je cherche à rassembler mes souvenirs de voyage, une main pieuse me communique des notes au crayon, canevas d'une conférence sur les Baléares que nous fit jadis, à la Société bourguignonne de Géographie et d'Histoire, un ancien magistrat, orateur brillant, esprit orné, mon ami très regretté Marcel Rougé. Je l'entends encore, à nos sollicitations de donner par écrit, pour le volume annuel des *Mémoires*, cette étude étincelante de verve, répondre finement : « Je parle, Messieurs, mais je n'écris pas. » Il écrivait au mieux, lorsqu'il voulait en prendre la peine, et chacun de dire : « Pourquoi ne s'est-on pas muni d'un sténographe? » Hélas ! la fois suivante il en allait de même, et il nous reste peu de chose de celui qui fut un de nos plus remarquables conférenciers. — Or, en parcourant ces notes rapides, où, d'un simple coup de crayon, est relevée la caractéristique de chaque monument, où, par surcroît, d'un mot est rappelé tel piquant incident de voyage, je me plais à constater que, dans notre court séjour, de durée notablement inférieure au sien, nous n'avons pas trop mal vu, que du moins nous n'avons rien négligé d'essentiel; je note la parfaite exactitude de ses énonciations, et je remarque surtout avec satisfaction que les appréciations de mon ami ne s'éloignent point sensiblement des miennes; touchante conformité de sensations qui, à un point de vue personnel, me fait regretter plus amèrement encore ce que nous avons perdu en le perdant!

Le retour s'effectue sans incident; mer superbe comme à l'aller; nous sommes au port de Barcelone à sept heures du matin. En touristes consciencieux et..... pressés, nous ne faisons que toucher barre à l'hôtel; en route pour le *Montserrat*. — Deux heures de trajet à travers une région industrielle, où fument les cheminées de fabriques; arrêt à Monistrol; nous rejoignons la profonde vallée du Llobregat, un fleuve où coule de l'eau, phénomène que nous n'avons guère, jusqu'ici, contemplé en Espagne. Devant nous, la haute crête du Montserrat, dont la dentelure en forme de *scie* justifie amplement le nom. A la gare s'aligne sur le quai un peloton de *guardias civiles ;* ce n'est point assurément en notre honneur; renseignements pris, ils sont mobilisés pour rendre hommage au prince Albert de Prusse, dans ce moment en visite au Montserrat. C'est pour nous une occasion de voir sous les armes, réunie, une fraction un peu importante de ce corps d'élite auquel est dû, pour la meilleure part, le rétablissement de l'ordre en Espagne. D'une tenue analogue à celle de nos gendarmes, — l'uniforme est d'ailleurs de type identique dans les trois pays latins, — ils sont plus jeunes, plus alertes, plus coquets que les nôtres; l'espèce d'hommes est remarquablement choisie, tous beaux garçons à fine moustache, et par surcroît, d'une urbanité parfaite. Je les avais déjà remarqués lors de mon premier voyage au-delà des Pyrénées, et cette fois mon appréciation n'a pas changé; ils continuent leur service de protection du voyageur, et maintenant encore, comme il y a trois ans, chaque train en reçoit deux, armés de leur carabine. La précaution est bonne : il vaut mieux prévenir que réprimer.

L'embranchement spécial franchit le Llobregat, et se poursuit jusqu'à Monistrol-ville ; ici commence l'ascension en crémaillère. La durée totale est d'une heure environ; la pente n'est pas supérieure à 15 %, mais il a fallu décrire un long détour pour aborder la terrasse où est campé le monastère. L'aspect général est bizarre et imposant : une haute cime dentelée, crénelée, flanquée en ses extrémités de rochers fantastiques, *colonnes coiffées*, portant encore leur pierre terminale en guise de chapiteau. La consistance essentielle de la montagne est un schiste argileux rougeâtre, propre à la région ; toute la contrée désertique du plateau central autour de Madrid, présente cette même coloration qui m'avait déjà frappé lors de mon précédent voyage. De cette cime colossale descend par ressauts un chaos informe de rochers, conglomérat calcaire compact ou *poudingue*, incrusté dans l'argile et percé de galeries creusées par les eaux. Ce chaos se prolonge jusqu'au dessus du Monastère, où il forme une muraille à pic, laissant à sa base une sorte de plate-forme suspendue en balcon au-dessus de la vallée. Les bâtiments en sont comme écrasés, et l'on tremble de voir ces masses monstrueuses, dont les unes rampent comme tortues au flanc de la montagne, les autres se dressent en forme de doigt, se détacher et pulvériser le couvent. La hauteur totale n'est pas considérable, 1.237^m seulement ; mais, isolé de tous côtés, se dressant de toute sa hauteur au centre de trois systèmes montagneux divergents, le Montserrat domine merveilleusement le cours du Llobregat, et revêt une importance que n'atteint point mainte cime d'élévation supérieure.

Puis son histoire et la vénération qui l'entoure lui donnent une autorité que peu de couvents conservent au même degré. Le monastère fut fondé en 880 pour recevoir une image miraculeuse de la Vierge en bois sculpté, apportée en Espagne, selon la tradition, par saint Pierre. Depuis 976 y sont installés des Bénédictins venus de Ripoll. Il fut, pendant la guerre de l'Indépendance, le quartier-général de l'insurrection en Catalogne. Nous avions songé à y monter le lundi de la Pentecôte, pour le grand pèlerinage; la foule nous effraya, avec raison sans doute; aujourd'hui peu de visiteurs; nous verrons à loisir. — En pénétrant dans l'enceinte, nous croisons le prince allemand, grand, fort, à favoris grisonnants. L'espace réservé au couvent est exigu, un simple replat ou terrasse à mi-hauteur de la montagne; il est occupé presque entièrement par les bâtiments; d'abord une longue rampe d'accès garnie de constructions, puis une esplanade où s'élèvent les hôtels et bâtiments annexes; dans un coin à gauche, l'Ancien Monastère, presque entièrement ruiné, sauf le cloître gothique du xve siècle demeuré intact. Le Nouveau Monastère est à la suite, une forte bâtisse en manière de caserne, bordant trois côtés d'une cour carrée; le quatrième côté est occupé par l'église conventuelle. — Elle fut érigée en la seconde moitié du xvie siècle, dans le style de la Renaissance; les trois portes, accostées de piliers de marbre, supportent un entablement sur lequel se dresse, avec l'apparence d'un retable en marbre blanc, une rangée de statues de saints. Le retable se continue dans le sens de la hauteur, appliqué à un mur de brique, par un vaste *oculus* garni de vitraux coloriés; puis l'horloge, accostée de colonnettes et de pinacles, et une croix dominant tout l'ensemble. L'effet produit par ce marbre éclatant de blancheur se détachant sur un fond sombre, par tous ces ornements, médaillons, statuettes, est charmant, point sévère, sans donner toutefois dans les exagérations de richesse dont est coutumière l'Espagne. A l'intérieur, une seule nef flanquée de chapelles; au-dessus du maître-autel, la statuette de la Vierge, noircie par le temps, œuvre de saint Luc, assure-t-on; c'est devant elle qu'Ignace de Loyola suspendit ses armes, et se consacra au service du Christ. Il nous est permis de la contempler de plus près, en suivant un des Pères qui nous conduit à l'étage supérieur, en arrière de l'autel principal, jusqu'à toucher la sainte Image.

Lorsqu'on dispose de peu de temps, la promenade essentiellement recommandée est celle qui, au-delà du Nouveau Monastère, conduit au Balcon des Moines, *El Mirador de los Monjes*, sis sur une terrasse dominant la vallée du Llobregat. De là, un sentier de plain-pied, *El Camino de los Degotalls*, se glisse à la base du rocher, et pendant vingt minutes promène le touriste, comme sur un vaste observatoire en corniche, d'où se découvre un horizon prestigieux. C'est la plus belle promenade du Montserrat ; elle s'accomplit sans effort ni peine ; à nos pieds, la vaste plaine de Monistrol où serpente le fleuve, une superbe végétation, une vue illimitée sur la Catalogne et l'Aragon jusqu'à la chaîne des Pyrénées, soit un de ces panoramas merveilleux qui prennent place dans le souvenir des touristes.

Une nouvelle excursion nous conduisait le lendemain à *Tarragone*. Agréable trajet de deux heures ; la voie ferrée côtoie le bord de la mer, plage de sable frangée d'écume, nombreux tunnels ; sur une hauteur à droite, à cinq kilomètres de Tarragone, se dresse le *Tombeau des Scipions*, monument carré haut de huit mètres, comprenant un soubassement surmonté de deux étages ; sur la face, deux statues de captifs accolées à la pierre. De notre wagon, à la lorgnette, les détails se distinguent assez bien. — Vieille cité ibérienne, dont les populations primitives construisirent les hautes et *cyclopéennes* murailles, Tarragone devint colonie romaine, puis, sous Auguste, capitale de la province de Tarraconaise qui comprenait les deux tiers de l'Espagne ; elle fut, pour les Romains, une ville de prédilection, qu'ils ornèrent de magnifiques monuments. Pendant la guerre de l'Indépendance, elle résista à Suchet avec une énergie féroce, et finit par succomber le 29 juin 1811. « Tarragone prise d'assaut, Tarragone en colère, « faisant feu par toutes les croisées; Tarragone « violée, les cheveux épars, à demi-nue, ses rues « flamboyantes, inondées de soldats français tués « ou tuant.... » Telles sont les quelques lignes, gravées en ma mémoire, par lesquelles Balzac, dans ses *Marana*, immortalise le drame final; il connaissait le cœur humain, a-t-on dit, mais il écrivait mal; passons condamnation : lorsque, dans un cerveau comme le sien, les idées se pressent débordantes, la plume a grand'peine à les aligner d'une façon académique, et Balzac n'était point homme à se relire. Il n'en reste pas moins debout, occupant une jolie place dans notre littérature, et la critique actuelle tend avec raison, en faveur des idées, à se montrer moins sévère pour le styliste.

Aujourd'hui, à Tarragone, le premier aspect est quelque peu décevant; une gare moderne, le port, tout un quartier neuf affairé au commerce des vins. Mais dépassons le *Despena perros* ou *précipice des chiens*, sorte de Roche tarpéienne; gravissons la *Cuesta de Toros* qui, en pente rapide, domine la mer et se termine à la statue de l'Amiral Roger de Loria, adversaire heureux de Charles d'Anjou au royaume de Naples; négligeons sur la gauche la belle *Rambla de San-Juan*, et, un peu plus loin, après la montée rocheuse du *Paseo de Santa-Clara*, la *Rambla de San-Carlos*; continuons de nous élever au-dessus du port, en escaladant les pentes granitiques qui forment comme un soubassement à la vieille cité ; ceci, non sans jeter un regard d'admiration sur la mer immense qui étincelle à notre droite. Nous atteignons le *Torreon de Pilatos*, vieille prison sise sur le fondement de l'enceinte romaine ; suivant la tradition, le juge du Christ serait né à Tarragone. Tournons à gauche, nous sommes dans la Ville vieille. — Ruelles et antiques demeures au milieu desquelles grimpe la *Calle mayor*, artère principale de cette *ville de prêtres* ; si l'archevêque de Tolède porte le titre de *Primat d'Espagne*, celui de Tarragone est *Primat du Royaume*. Ici viennent expirer et le bruit extérieur et l'activité commerciale ; c'est la petite ville, peuplée d'artisans et de boutiquiers, dont tous les regards se portent vers la Cathédrale.

Elle se dresse là-haut, après un escalier de dix-neuf marches, sur une petite place, le *Llano* de la Cathédrale, le matin marché aux légumes, à cette heure de la journée, absolument silencieuse et déserte ; quelques vieilles maisons au pourtour, dont une à gauche, soutenue par des piliers, lui font cortège. Le monument date de la fin du XIIe — commencement du XIIIe siècle ; entrepris dans le style roman, il a reçu, au cours de sa construction, les principaux éléments du gothique. La façade est un peu lourde ; le clocher, construit à l'abside, ne se laisse pas voir de ce côté par défaut de recul.

Au centre de la façade, un portail gothique profondément ébrasé avec évasement régulier; il est encadré d'énormes contreforts, et surmonté d'une grande rose; de chaque côté, un portail roman plus petit. Au pied-droit du grand portail, une statue de la Vierge portant l'Enfant Jésus; au-dessus, dans le tympan, un vitrail tréflé où s'encadre un Jugement dernier en bas-relief. A droite et à gauche du portail, dans l'ébrasement, dans les puissants contreforts qui s'avancent et débordent de la façade, des statues de prophètes, de saints recouvertes de dais, chaque prophète avec son phylactère, David couronne en tête, épée à la main. De grands pinacles sont accolés aux contreforts. Il suffirait de peu de chose pour que cet ensemble, massif par le bas, empruntant plus haut la grâce du gothique fleuri, se relevât définitivement au sommet, et s'enlevât dans les airs; mais ce peu de chose fait défaut; le mur droit de façade s'arrête au-dessus de la rose; le pignon de faîte n'est qu'amorcé par deux fragments; de même s'arrêtent brusquement les contreforts, sans pinacles pour les surmonter; et l'ensemble total de retomber, semble-t-il, lourdement sur le sol, après avoir fait effort pour s'élancer vers la nue.

L'intérieur à trois nefs est majestueux et austère, sombre au point de décourager le visiteur. Les quatorze énormes piliers sont renforcés de colonnettes engagées; les chapiteaux en sont richement sculptés dans le style roman fleuri. Beau *trascoro* de marbre, décoré de sculptures ornementales, de statues de sirènes; au pourtour du chœur, le tombeau de Jaime Ier, jadis érigé au monastère de Poblet, ruiné, puis rétabli en 1856 à Tarragone. Je ne détaillerai point les richesses des chapelles; mais il convient de noter à la *Capilla mayor*, au-dessus du maître-autel, les statues de la Vierge avec l'Enfant Jésus, de saint Paul et de sainte Thècle, et, dans l'intervalle qui sépare les statues, des reliefs de marbre d'une extrême finesse d'exécution, représentant des scènes de la vie du Christ et de sainte Thècle, patronne de Tarragone.

Extérieurement, la *Capilla mayor* se termine par une abside en hémicycle et deux absidioles latérales surmontées de pinacles; c'est la partie la plus ancienne de l'édifice; là se dresse sur une base carrée le clocher octogonal, peu élevé, terminé par un gracieux campanile. — Le cloître enfin, adjacent à l'église, est un des plus beaux d'Espagne, et remonte au xiiie siècle; il mérite d'être étudié avec soin, et de fait, nous lui fîmes plusieurs visités; un premier examen fatigue, il convient de ne tracer d'abord que les lignes d'ensemble, sauf à revenir pour pénétrer plus loin dans les détails, et chaque fois quelque merveille nouvelle se découvre. Le portail d'accès, d'une grande beauté, est flanqué de colonnes engagées, et divisé par un pied-droit; au chapiteau de ce dernier, des scènes de la vie du

Christ; au tympan, un Christ de gloire entouré des symboles des quatre Évangélistes. Le cloître a 47 mètres de côté; il entoure un préau d'arbres toujours verts, fraîche oasis de laquelle émergent quelques palmiers, avec vasque et bassin en son centre. Les fortes piles accostées de colonnes engagées, soutiennent des arcades en tiers-point; chaque espace entre les piles offre, à la base de la grande arcade ogivale, trois petites arcades en plein cintre reposant sur de gracieuses colonnettes géminées; le remplage entre les petites arcades et le sommet de l'ogive est percé lui-même de deux *oculus*. Le soleil, se jouant sur cette décoration d'influence mauresque, produit de merveilleux effets de lumière et d'ombre. Au-dessus des grandes arcades court une corniche finement dentelée, et un étroit promenoir à l'étage supérieur complète l'ensemble. Les galeries du cloître sont voûtées d'arêtes; il convient de noter les étranges sculptures des chapiteaux, motifs de plantes et d'animaux, voire même sujets humoristiques, comme la *Procesion de las Ratas*, des rats enterrant des chats, lesquels feignent d'être morts, et ressuscitent tout à coup; l'un des félins revêt le parfait aspect d'un cochon.

Les influences arabes que nous avons déjà notées à plusieurs reprises, et en dernier lieu au cloître de Tarragone, se retrouvent partout en Espagne, même en des régions où ne pénétra jamais la domination musulmane; mais le climat s'appropriait parfaitement à ce mode de décoration, et le justifiait. Telle ornementation délicate, comme celle de l'Alhambra de Grenade, qui n'eût point résisté aux intempéries de nos climats septentrionaux, s'accommode au mieux du soleil et de la sécheresse d'au-delà des monts. L'Espagne, d'ailleurs, n'aurait point eu, à proprement parler, d'art national; toutes les écoles de l'Europe, attirées par les circonstances politiques et plus tard par l'or espagnol, s'y donnèrent rendez-vous : — C'est d'abord l'influence française dans la construction des églises, apportée par les Cisterciens et les Clunisiens; puis, dans la structure et l'ornementation, l'influence arabe consacrée par huit siècles de domination; et successivement, en raison de l'expansion de la puissance espagnole dans les Flandres et en Italie, les réminiscences flamandes et toscanes dans les retables et les mausolées; la mainmise du génie italien au XVIe siècle par l'étude de Michel-Ange et de Raphaël; finalement, le naturalisme, venu lui aussi d'Italie, et que l'Espagnol s'approprie avec enthousiasme, parce qu'il y redevient lui-même. J'ai développé cette thèse dans un précédent travail *(Un Voyage en Espagne, Avril 1903, T. XX des Mémoires de la Société bourguignonne de Géographie et d'Histoire)* ; je ne fais que la rappeler sommairement ici.

Derrière la Cathédrale, le Palais de l'Archevêque,

demeure modeste pour un si haut personnage, mais surmontée d'une vieille tour fortifiée, attenante au mur d'enceinte, et offrant, encastrées dans la muraille, des pierres tombales, notamment celle d'un jeune conducteur de char, *auriga*, « qui aima mieux périr dans l'arène que mourir de la fièvre. »

Le quartier est misérable; ce ne sont que ruelles au sol inégal, hantées par une population sordide. Nous sommes ici au faîte de la vieille cité, à l'angle supérieur de la forteresse. Près de là se dressent les *murs cyclopéens* (1), élevés par les habitants primitifs; ils sont sous clé, gardés par une palissade, et cependant nul n'aurait la fantaisie d'en enlever quelque pierre. On les rencontre au pourtour de la ville, sur une longueur de trois kilomètres, dans des états de conservation fort inégaux. L'assise se compose d'énormes blocs de forme irrégulière; au-dessus, des lits en grand appareil ajoutés plus tard, probablement sous les Scipions, par des ouvriers indigènes; l'empreinte romaine se retrouve dans la muraille supérieure, régulière et correcte, du temps d'Auguste. De place en place, des tours carrées; dans sa partie la mieux conservée, près de la Porte *del Rosario*, la construction atteint une hauteur de dix mètres. — Telle qu'elle

---

(1) Murs *cyclopéens* ou *pélasgiques*, formés de blocs énormes arrachés du sein des carrières et ajustés au mieux (BATISSIER, *Histoire de l'art monumental dans l'antiquité et au moyen âge*, p. 134). C'est essentiellement le mode *primitif* de construction.

est, cette muraille colossale et primitive produit un grand effet; elle présentait de plus, même à l'époque moderne, une redoutable force défensive, donnant, par sa solidité, peu de prise au canon, et pouvant offrir encore, sur ses décombres, appui à des défenseurs obstinés jusqu'à la mort; aussi Suchet, dans son mémorable siège de 1811, évitat-il de l'attaquer de front. Il chemina d'abord contre le fort de l'Olivo, qui couvrait la ville basse et le port; puis, le fort enlevé, il attaqua la ville basse elle-même, dont l'enceinte est actuellement marquée par la Rambla de San-Juan. Il fallut faire ici un second siège en règle, après lequel on se porta enfin contre la ville haute. Celle-ci fut emportée par un assaut furieux, celui dont parle Balzac; on se battit sur l'escalier qui monte à la Cathédrale, jusque dans l'intérieur de l'édifice, et les 8.000 hommes restant de la garnison, qui en comptait 18.000 à l'origine du siège, trouvant au dehors la route barrée, durent capituler. Le siège nous avait coûté plus de 4.000 combattants.

Une courte promenade de quatre kilomètres nous conduit, au sud de Tarragone, à l'Aqueduc romain. Nous longeons à sa base le plateau sur lequel s'élevait le fort de l'Olivo; il ne s'est point relevé de ses ruines depuis l'assaut de 1811 (1).

(1) La ruine des défenses de Tarragone fut complétée au mois d'août 1813, lorsque Suchet fit sauter les ouvrages de la ville haute, en abandonnant la place pour se replier sur Barcelone et de là sur les Pyrénées.

Voici le colossal monument, barrant une ravine aride, hérissée de buissons, de halliers; il est à deux étages : l'inférieur, de 73 mètres de longueur, 13 mètres de hauteur, compte onze arches; le supérieur, de 217 mètres de longueur et 33 mètres de hauteur totale, comprend vingt-cinq arches; la conduite d'eau, au-dessus, n'est plus marquée que par quelques fragments de parapet. On fait remonter sa construction au début de l'époque impériale.

Il est intéressant de comparer l'aqueduc de Tarragone à ses deux similaires, celui de Ségovie et le Pont du Gard. L'aqueduc de Ségovie, de la même époque, rétabli sous les Flaviens ou sous Trajan, présente à découvert une longueur de 818 mètres, dans laquelle il enjambe le vallée, les faubourgs et une partie de la ville haute; il est à deux étages sur un parcours de 276 mètres, et compte en tout cent dix-neuf arches; son maximum de hauteur est de 28^m50. En mettant en regard les unes des autres les dimensions pour Tarragone et pour Ségovie, on constate que le second l'emporte à tous points de vue; le développement en longueur est notamment beaucoup plus considérable; en hauteur totale, il n'a que 5 mètres de plus; mais il produit un bien plus grand effet par ce fait même qu'il domine toute une ville, dont les édifices offrent avec lui un point de comparaison; il est d'ailleurs en meilleur état de conservation que celui de Tarragone. — Le Pont du Gard enfin, œuvre également d'Auguste, l'emporte sur ses deux concurrents; s'il n'a point la longueur de l'aqueduc de Ségovie, 273 mètres seulement au sommet, il le surpasse considérablement en hauteur, et s'élève presque au double, 48^{m}75 d'élévation totale. Il n'est point gracieux et élancé comme les deux autres, n'ayant que six arches à la base et onze au premier étage, ce qui lui donne forcément une apparence de lourdeur ; mais il a conservé son second étage intact en 35 arceaux, au dessus desquels circule le canal ou boyau encore couvert en bonne partie. C'est donc celui des trois qui a le mieux résisté à l'injure du temps ; par sa maçonnerie colossale, il produit une impression de grandeur et de force qui n'est point la caractéristique de ses rivaux. On me permettra de rappeler que le viaduc de Morlaix, à deux rangées d'arches, est plus élevé du double (58 mètres) que celui de Ségovie auquel il peut être le plus utilement comparé, car il enjambe comme lui une ville; qu'il est plus long au sommet (284^m 50) que le Pont du Gard; que ses neuf arches de l'étage inférieur, ses quatorze de l'étage supérieur ont une *volée* plus considérable que celles de l'un et de l'autre. Je parlerai plus loin du viaduc de Garabit, qui les surpasse tous; mais, ni Morlaix, ni Garabit n'ont pour eux la consécration de dix-neuf siècles.

Le Musée archéologique provincial de Tarra-

gone est des plus remarquables, comme reflet de la domination romaine : des statues intactes ou fragmentées de la belle époque, un merveilleux torse en marbre de Bacchus jeune, des bustes d'Empereurs, des mosaïques, des amphores, des armes, une riche collection de monnaies, de nombreux fragments de monuments. Nous sommes reçus à merveille, en notre double qualité d'archéologues et de Français; de plus en plus, à la faveur des évènements récents, sont oubliées les vieilles et légitimes rancunes; on nous sollicite d'apposer nos signatures sur un Livre d'or, réservé aux visiteurs de distinction..... Mais nous revenons invariablement à la Cathédrale, et à ce cloître extraordinaire à l'étude duquel on voudrait se consacrer.
— Le soir, à Barcelone, le visiteur cherche quelque distraction pour se détendre l'esprit : *non arcum semper tendit Apollo*. Nous avons gardé bon souvenir des *Zarzuelas* vues jadis à Madrid, et nous nous mettons en quête d'un théâtre où nos amis puissent se délecter; mais la saison est trop avancée, le monde élégant a fui la chaleur de la ville, le programme des spectacles s'en ressent; on risque de descendre du médiocre au pire..... Recourons à un inoffensif cinématographe; là du moins, avec le Mariage du Roi d'Espagne et la mise en scène de l'attentat, nous ne courrons point risque de nous heurter à quelque choquante exhibition.

Ma dernière étape au-delà des monts fut *Gérone*, aux portes de France, et cependant combien encore espagnole ! Le faubourg d'*El Mercadal*, aux alentours immédiats de la gare, est neuf et banal; mais l'impression change soudain, dès que je débouche sur le quai du Galligans. Le petit cours d'eau, affluent du Ter, est à peu près à sec; là n'est pas le spectacle : il est tout entier dans les vieilles maisons qui se dressent à la rive opposée, baignant leurs assises dans l'eau stagnante, masures en bois noircies et vermoulues par le temps, hérissées de balcons informes où flottent des *tendas* aux couleurs éclatantes, où pendent de misérables loques. Au-dessus de cet alignement sordide s'élève par étages la vieille cité, grimpant à l'assaut de la colline jusqu'au faîte, et de cet entassement émergent deux colosses de pierre : l'un au sommet, massif, austère, aussi large que haut, n'était un clocher bas octogonal, c'est la Cathédrale; l'autre un peu au-dessous, à gauche, non moins sévère, mais présentant du moins un clocher qui s'élance vers la nue, c'est San-Feliù.

J'aborde la vieille ville, au-delà du pont. Une longue rue étroite s'ouvre à gauche, et serpente au flanc de la colline; c'est la principale artère de la cité, coupée en son milieu par une petite place entourée d'arcades; de modestes boutiques, de rares passants, peu de mouvement, et cependant c'est dimanche..... Çà et là quelques vieux hôtels avec porche, cour intérieure, solides ferronneries; des ruelles en escaliers s'embranchent sur la rue principale, et grimpent au sommet par de rudes lacets. Jusqu'ici, quelque animation urbaine; mais bientôt ce semblant de vie se raréfie; il s'éteint totalement, lorsque je débouche en face de la Cathédrale.

L'édifice se dresse au haut d'un vaste perron de 86 marches; l'escalier est branlant et disjoint, en désaccord avec la décoration de la façade; celle-ci, un mur droit sévère et massif, 23^{m}50 en largeur, s'est vue modernisée au xviiie siècle, et décorée dans le style de la Renaissance : trois étages de niches encadrées de colonnes, de balcons ouvragés, un *oculus* immense, un fronton agrémenté de guirlandes; tout cet appareil luxueux fait tache sur l'ensemble, on voudrait l'ignorer. Le mouvement pieux, au surplus, se dirige exclusivement vers la porte Sud ou *des Apôtres*, creusée en forme de porche fortement ébrasé, précédée d'une arcade en anse de panier qui l'alourdit et l'écrase, flanquée de douze statues. On retrouve sur ce point la vraie Gérone, dont la Cathédrale est l'expression essentielle et l'incarnation : une vaste place carrée en déclivité, au pavé inégal et raboteux; de côté, l'énorme flanc de l'église, contre-buté par de massifs arcs-boutants; en face, accolé à la Cathédrale, l'Évêché, construction puissante et sévère en forme de caserne : deux écussons sculptés sur la pierre, de rares fenêtres grillées de fer, deux portes voûtées en ogive ; à la corniche, des modillons en dents de scie soutenant la toiture, et, au-dessus, le clocher-arcade si fréquent dans la région, soit un simple pignon percé de baies pour abriter les cloches. L'herbe pousse entre les pavés, les maisons voisines sont elles-mêmes imprégnées de silence et de solitude ; l'ensemble est religieux, sévère, reflet d'une idée qui fut, qui est encore une force. Au chevet du temple, l'abside à deux étages est soutenue par de puissants contreforts.

La chaleur est brûlante ; je me réfugie un instant dans l'intérieur de la Cathédrale. Ici règne une obscurité profonde, on se sent comme noyé dans un océan de ténèbres, on avance à tâtons ; les proportions sont grandioses, mais à la longue seulement il est permis de s'en rendre compte. Une nef prodigieuse de grandeur et de force ; pas de bas-côtés ; deux rangées de chapelles latérales, profondes, étouffées entre les énormes piliers. Peu ou point de fenêtres ; le chœur, suivant l'usage, barre la perspective ; il est précédé du *trascoro* au milieu duquel se détache un Christ enjuponné ; des stalles en marquent le pourtour ; il s'ouvre par une grille de fer en face de la *Capilla mayor*. Je cherche la lumière et ne la trouve point ; d'errer dans cette pénombre, le visiteur se fatigue ; deux points blancs se détachent sur l'obscurité du chœur : ce sont deux cornettes de Saint-Vincent-de-Paul, pauvres filles auxquelles la patrie s'est montrée cruelle ! La *Capilla mayor*, ceinte d'un déambulatoire et de chapelles, est non moins sombre ; quelques rayons de soleil, cependant, filtrent à travers les vitraux, faisant ressortir les lamelles d'argent doré du maître-autel, les incrustations de pierres précieuses, d'émaux dont est orné le retable ; qu'un nuage vienne à passer, l'obscurité se fait de nouveau compacte.

Les vêpres du Chapitre vont commencer, seul office en cette après-midi de dimanche. Tout à coup, un chanoine me fait signe : il me guide en hâte à la sacristie pour me montrer une Bible sur vélin, don du roi de France Charles V ; puis il s'échappe, et je retombe dans l'obscurité et le silence.

En arrière de la cathédrale, le dédale de ruelles se prolonge un instant, de plus en plus désert : hautes demeures à la façade sinistre, hermétiquement close, soutenue par d'épais contreforts ; quelques rares ouvertures grillagées. Je touche aux portes de la ville : les vieilles murailles d'enceinte surgissent, à demi-ruinées, percées de meurtrières ; çà et là quelques échauguettes d'angle ; une antique porte, et, au delà, la campagne sauvage et nue, terre rougeâtre et ingrate ; des pans de murailles, avant-postes de la forteresse, se dressent éventrés ; une tour, des glacis et, sur la colline voisine, un fort encore debout, Montjuich, de même nom qu'à

Barcelone. Tout cet ensemble ruiné, désolé, désert, évoque le souvenir d'un passé qui fut glorieux : en 1809, la place se défendit avec une énergie sauvage contre une armée française commandée par Gouvion Saint-Cyr ; les femmes formées en compagnie de Sainte-Barbe, les prêtres, les enfants garnissaient la brèche ; deux assauts furent repoussés ; le siège dura sept mois, et fut un des plus héroïques que l'histoire ait à enregistrer. Aujourd'hui, sur ce sol où coulèrent des torrents de sang, tout est calme et silencieux ; les haines sont éteintes, ou tout au moins assoupies. Je converse avec deux jeunes Frères Maristes qui me décrivent le paysage ; de ce point, je domine la ville qui prend naissance dans le ravin entre la cathédrale et Montjuich, et dévale au flanc de la colline ; sur la masse confuse d'habitations se détache la vieille église San-Pedro, et, plus bas, San-Feliù ; au delà, l'enchevêtrement des montagnes de Catalogne.

Je reviens sur mes pas. Un coup d'œil, en passant, au cloître de la cathédrale, de style roman, commencement du XIIe siècle. La voûte est en quart de cercle ; les colonnettes se groupent deux à deux au pourtour, bien détachées l'une de l'autre ; les chapiteaux sont ornés de sujets bibliques, d'oiseaux, de palmettes ; de place en place, de grosses piles carrées ; çà et là, suivant la coutume, des pierres tombales encastrées dans la muraille ; au préau, un puits entouré de verdure. Et des religieux, de bonnes sœurs, des femmes vont et viennent, caquetant avec une exubérance qui m'obsède ; mais pourquoi seraient-ils comme moi silencieux et absorbés, dans cette atmosphère qui leur est toute naturelle ?

Au pied de la Cathédrale, une vieille porte de ville bien conservée, flanquée de deux grosses tours, mène à *San-Pedro de los Galligans*, petite église romane encastrée dans des maisons sordides. Je pénètre à l'aventure, j'entrevois dans l'obscurité des fragments architecturaux ; le cloître, assure-t-on, abrite un musée provincial ; mais, du tout, je ne puis parler que par ouï-dire, m'étant heurté à porte close. Dans ce quartier délaissé, çà et là quelque gracieuse surprise, une maison charmante à fenêtres ogivales, en face de San-Pedro.
— Je suis plus heureux à *San-Feliù*, et, de fait, n'en eussé-je vu que l'extérieur, je ne regretterais ni mon temps ni mes peines. Rien de formidable comme l'abord de cette église : la façade basse, refaite dans le style de la Renaissance, avec deux étages de niches garnies de colonnettes et grand *oculus* au sommet, est comme étouffée, étranglée entre deux parois sombres, rigides et mornes, qui forment avant-corps débordant considérablement l'édifice. Les sentiments de confiance, de miséricorde qui accompagnent toute prière, doivent ici, semble-t-il, en s'engageant dans cette allée sombre, céder la place au désespoir, et l'obscurité, à l'in-

térieur, n'est pas faite pour atténuer ce sentiment. Le *coro*, hermétiquement fermé sur trois côtés, ne présente au quatrième qu'une petite porte ouvrant en face de la *Capilla mayor*; les collatéraux, le transept, sont garnis de chapelles; partout une obscurité décevante qui paralyse l'examen. Des sarcophages romains, d'autres chrétiens, me sont indiqués, que je ne puis que soupçonner; au côté nord s'ouvre une immense chapelle que je visite au jugé; pas de déambulatoire à la *Capilla mayor*. A droite, à gauche de l'entrée, deux chapelles ont trouvé asile dans les deux masses carrées débordantes qui accueillent et repoussent tout à la fois le visiteur. Quant à la haute tour carrée octogonale flanquée de pinacles, c'est de loin seulement, par défaut de recul, qu'il est permis de la contempler.

Et je reviens à la Cathédrale : ici, comme à Tarragone, elle est l'édifice dominant. Puis ce dédale de ruelles qui dévalent de la ville haute au bas de la colline, est, malgré sa sévérité, sa rigidité, singulièrement captivant; derrière ces hautes murailles aveugles, on soupçonne la jeunesse et la vie; ne me semble-t-il pas, à un instant donné, percevoir à travers les grilles le son d'un piano?... Au surplus, c'est pour moi la dernière étape en Espagne; je vais, dans un instant, repasser les Pyrénées, et j'ai quelque peine à m'arracher à ce pays qui n'est point le nôtre, qui, avec le respect du passé, conserve son individualité puissante, qui, de longtemps encore, du moins dans ses petites cités comme Avila, Ségovie, Gérone, ne sera point envahi par la banalité du siècle.

A la gare, de nombreux soldats se pressent, partant en permission ; chacun tient à la main le modeste paquet de route, enveloppé dans un foulard aux couleurs nationales, jaune et rouge ; ainsi, et c'est un bien, la patrie se rappelle toujours au souvenir de ses enfants, même dans les actes les plus ordinaires de la vie. Tout ce petit monde militaire s'agite, piétine sur place, et voilà que deux soldats, un peu trop gais, se prennent de querelle ; mais le *guardia civil* survient, calme et digne ; d'un simple geste il rappelle les tapageurs au devoir, et le tumulte de s'apaiser comme par enchantement. Beaux *guardias civiles*, pleins de déférence, d'attentions pour le voyageur, nous emportons de vous une impression toute de respect et de sympathie !

Le train s'ébranle ; il franchit le torrent à demi desséché, côtoie l'angle de la vieille enceinte ; la silhouette des deux églises se détache puissamment, et leur rôle dominateur, mais non écrasant, s'affirme mieux dans l'existence de la cité. Les vieilles demeures profilent le long de la rivière leur alignement pittoresque, ou se groupent, l'instant après, sordides, à l'angle de la muraille gothique, près de la porte d'enceinte dûment restaurée. Le point de vue est unique ; on l'entrevoit une dernière fois, puis quelques tours de roue, les silhouettes s'effacent, le panorama disparaît, la nuit tombe, ce n'est plus qu'un souvenir, un rêve. — Deux heures plus tard, je franchis la frontière; encore une heure de trajet, je revois Perpignan; ici se clôt la seconde partie de mon voyage.

La troisième partie me ramène au centre même de la France, dans le Haut-Languedoc et la Haute-Auvergne, soit une contrée en dehors du trajet des express, et par suite médiocrement connue du touriste. Combien de régions de notre pays sont encore ignorées de nous, et cependant méritent amplement l'honneur d'une visite! L'étranger les connaît, disions-nous précédemment, il sait les apprécier à leur valeur; chacun de mes voyages justifie cette opinion, et me prouve qu'il n'est pas nécessaire de chercher au dehors telle merveille que nous pouvons admirer sans passer la frontière.

Ma première étape est Albi. Un de mes amis, savant archiviste, m'accompagne; sa connaissance de la langue espagnole nous a été précieuse au-delà des monts, et sa société, de trop courte durée malheureusement, me sera ici encore infiniment agréable.

Vieille cité de 20.000 habitants environ, Albi eut son importance dans l'histoire de notre pays, surtout à l'époque des guerres de religion. Siège d'un évêché dès les premiers temps de la Chrétienté, elle fut, au début du XIIIe siècle, un des principaux foyers de l'hérésie du manichéisme, et donna son nom à la secte des Albigeois; mais elle se ressaisit, et, lors de l'introduction de la Réforme en France, elle demeura opiniâtrément fidèle à la foi catholique. En face d'elle se dressait Montauban, la Rome du protestantisme ; Cahors était hésitante, et devenait la proie du plus fort (prise par Henri de Navarre en mai 1580). Aujourd'hui ces villes, qui eurent un nom dans nos discordes religieuses, se replient sur elles-mêmes, et semblent surtout vivre de leur passé; Albi en particulier, mal desservie par le réseau de nos voies ferrées, n'attirerait guère l'étranger, n'était sa Cathédrale, chef-d'œuvre de puissante architecture, dont la visite s'impose à tout archéologue.

Que l'étranger, à son entrée dans Albi, suive la grande rue en forme de boulevard, qui traverse la ville de part en part, s'enfonce dans une tranchée, et débouche sur le pont du Tarn; jusque-là, il n'a vu qu'une ville banale, semblable à tout chef-lieu de département. Mais, parvenu au milieu du pont, sans s'arrêter plus que de raison au coup d'œil pittoresque des vieilles maisons qui, sur l'autre rive, plongent leurs assises dans la rivière, qu'il se retourne, un magnifique spectacle s'offre à lui: de hautes murailles en étages successifs, flanquées de tourelles, commandent le cours de l'eau; de ces murailles émergent des massifs de verdure, des constructions, le sombre Palais archiépiscopal en manière de forteresse, et, dominant cet ensemble, une formidable silhouette, celle de la Cathédrale, qui projette en avant son énorme tour carrée, véritable donjon, massive, impérieuse. Toute l'histoire d'Albi est là, et l'on comprend que ce colosse de pierre ait pris, dans l'existence de la cité, une importance auprès de laquelle tout s'efface. Au point de vue archéologique également, Sainte-Cécile d'Albi est un digne sujet d'étude: Viollet-le-Duc, qui s'y attacha avec amour, la tenait *(Dictionnaire de l'Architecture*, T. II, p. 382) pour l'*édifice ogival le plus important du Midi*, n'ayant pas subi, comme la majeure partie de ses congénères de la région, les influences venues du Nord. On comprendra que nous nous y arrêtions quelques instants.

La première pierre aurait été posée en 1282 par l'Évêque Bernard de Castanet; dès le début, les travaux nécessitèrent d'énormes sommes d'argent auxquelles le fondateur ne put faire face. Ses successeurs continuèrent l'œuvre; en 1365, le clocher dressait vers le ciel sa tour colossale, non encore achevée toutefois, et, à la fin du xiv® siècle, la partie *militaire* de l'œuvre, celle qui lui donnait essentiellement son caractère de forteresse, était complète. Mais il fallait l'orner, et surtout en faire un lieu de prière; c'est à quoi pourvut un évêque, Dominique de Florence, qui, à deux reprises, pendant seize ans, occupa le trône épiscopal d'Albi. A lui est due la charmante porte fortifiée accolée au flanc méridional de l'église, et enrichie de toute la grâce, de toute la magnificence de la sculpture italienne.— Les dissensions politiques du xv° siècle entravèrent l'œuvre, et en retardèrent l'achèvement. Sous les deux prélats d'Amboise enfin, dans la dernière partie du xv° et au commencement du xvi°, la construction reçut son complément : l'église, quoique inachevée, fut consacrée en 1480 ; bientôt la tour fut terminée, le merveilleux porche méridional s'éleva, puis, à l'intérieur, le jubé et la clôture du chœur ; enfin resplendirent les étincelantes peintures de la voûte. A ce moment (1512), l'œuvre était parfaite ; un dernier aménagement fut opéré en 1693 par un Bourguignon, l'évêque Legouz de la Berchère, qui perça la chapelle Saint-Clair dans le soubassement du clocher.

Tel est l'historique de la construction, et il est essentiel d'en connaître les phases générales, avant d'aborder l'étude de détail.— La Cathédrale s'élève à l'extrémité ouest de la ville, et commande, ai-je dit, le cours du Tarn. Le touriste qui débouche de ce côté voit se dresser devant lui la prodigieuse abside, haute de 40 mètres, hérissée de gigantesques contreforts demi-cylindriques en forme de tours engagées, qui font corps avec elle. Cette hauteur n'est point celle à laquelle atteignait l'édifice, tel qu'il sortit de la main des deux prélats d'Amboise au début du xvi° siècle, tel qu'il se comportait encore au cours du xix°. Un recueil trop oublié aujourd'hui, la *Mosaïque du Midi,* qui parut à Toulouse en 1837 et n'eut qu'une existence éphémère de six années, nous donne un dessin de la Cathédrale à cette époque : la haute tour de façade se dresse dans toute sa majesté, mais la nef et l'abside attendent leur couronnement ; cette dernière présente alors, comme aujourd'hui, une unique tour, dite *de l'Horloge,* surmontée d'une pyramide et d'un fleuron de pierre ; la toiture basse repose directement, et sans ornement aucun, sur la muraille de l'édifice, à peu de distance au-dessus des longues et étroites fenêtres aménagées entre les tours-contreforts ; l'œil y cherche en vain la couronne de créneaux et de mâchicoulis qui devait former le complément naturel de l'église-forteresse. Le monument, à cette date, n'atteignait qu'une hauteur de 33 mètres sous la toiture.

Douze ans plus tard, en 1849, la question du couronnement de l'édifice fut agitée. Deux systèmes se trouvaient en présence : l'un, soutenu par Viollet-le-Duc, faisait ressortir la destination primitive de la Cathédrale d'Albi, *église-forteresse,* ayant par suite adopté des formes simples, des jours rares et étroits, et n'attendant que son complément historique et nécessaire sous forme de créneaux, de mâchicoulis ; d'autres écartaient cette idée, et préconisaient l'achèvement de la Cathédrale à l'aide d'une galerie à jour, dominée par des clochetons qui se dresseraient sur chaque contrefort ou tourelle flanquante; ils donnaient comme argument en faveur de leur système, que les clochetons corrigeraient la lourdeur de l'abside, et feraient un heureux contrepoids à la masse énorme du clocher. Ce dernier plan fut adopté, et l'exécution en fût poussée activement; déjà la galerie à jour était terminée, et six des clochetons élevés, lorsqu'on s'aperçut de l'erreur commise; il fallut revenir en arrière. La démolition des clochetons fut décidée; de même, le remplacement de la galerie de pierre ajourée par une balustrade en brique pleine avec mâchicoulis retombant; cette substitution est actuellement accomplie; il reste à exprimer un regret, c'est qu'en raison du surcroît de dépense, on ait reculé devant l'exécution complète du projet de Viollet-le-Duc, et qu'on ait renoncé au couronnement crénelé qu'il préconisait. Une autre remarque s'impose, c'est que les gargouilles qui, dans la construction primitive, se trouvaient exactement à hauteur de la toiture, sont actuellement, en raison de l'exhaussement, reportées à sept mètres plus bas, et ne paraissent plus remplir leur but, ce qui produit à l'aspect un effet choquant.

Contournons l'abside vers la gauche; elle est suffisamment dégagée par une vaste place au pourtour. Nous arrivons immédiatement à la charmante *Porte Dominique de Florence*, et au petit ouvrage en forme de barbacane qui se détache du flanc méridional de l'édifice. La porte est couronnée de créneaux et de mâchicoulis ; d'un côté, elle s'appuie au flanc même de la Cathédrale ; de l'autre, à une tour de brique crénelée, dernier vestige de l'enceinte fortifiée de Sainte-Cécile. Le tympan ajouré est orné de statues ; de même, à droite et à gauche, les niches qui flanquent l'arcade en tiers-point de la porte, et les dais qui abritent ces mêmes niches. Au-delà, se développe le haut emmarchement latéral à la Cathédrale, conduisant à une terrasse pavée où se dresse le *Porche*. Celui-ci, amplement ouvert sur ses quatre faces, est flanqué à chacun de ses angles d'un gigantesque pilier de pierre, dont deux sont engagés dans le mur de l'église ; ces quatre piliers sont réunis en une voûte ou baldaquin compliqué d'un réseau de fines nervures ; l'ensemble est agrémenté de rinceaux, d'entrelacs, précédé de statuettes, surmonté de pinacles. Et, au portail lui-même, s'ouvre une haute claire-voie qu'une statue de la Vierge divise en deux compartiments du plus gracieux effet ; aux voussures intérieures de la baie sont accolées jusqu'au cintre des statuettes représentant des anges et des saints. Toute cette décoration est ravissante ; elle évoque pour moi le souvenir du délicieux portail du croisillon sud de la Cathédrale de Senlis, construit à la même époque ; et le recul, facile sur la vaste place adjacente, permet de contempler et d'admirer à loisir cette merveille du gothique flamboyant. Que le visiteur se reporte en arrière, à vingt mètres de distance ; il voit se dresser devant lui la colossale muraille, s'élevant sur un puissant rempiètement, et présentant, comme de gigantesques cannelures, les contreforts demi-cylindriques ; au milieu même de ce mur impérieux, sur un haut perron, s'ouvre le porche, en forme d'arc triomphal, tout charmant de légèreté et de délicatesse : la force et la grâce unies l'une à l'autre, se corrigeant l'une par l'autre, telle est l'impression ressentie.

Mais cette impression est fugitive, et elle s'évanouit dès que, continuant notre ronde, nous avons tourné l'angle sud-ouest du monument ; ici, le caractère de puissance et de force, l'intention de protection et de défense militaire reparaissent dans toute leur intensité. Le clocher, colosse carré de brique à quatre étages en retrait successif, se dresse à une hauteur de 78 mètres au-dessus du niveau du sol, soit presque le double de l'abside ; aux angles extérieurs s'appuient deux énormes tours rondes, flanquant, étouffant de leur étreinte la façade aveugle. Nulle porte, en effet, nulle fenêtre ne s'y ouvre ; elles sont simplement indiquées par des arcatures ; essentiellement, une haute muraille à étages ceints de galeries, percés de meurtrières, couronnés de mâchicoulis ; le dernier étage seul, de forme octogonale, est ajouré. — C'est à distance encore, et de loin, qu'il convient de se placer pour juger l'effet terrifiant de ce donjon, se dressant au-dessus des maisons groupées à son ombre comme faible troupeau, projetant en avant le clocher gigantesque appuyé de ses grosses tours rondes, et ramenant derrière lui la puissante croupe de l'abside, quelque chose comme un lion au repos gardant haute sa tête altière.

Et la sensation admirative ne s'éteint point, lorsque le visiteur pénètre à l'intérieur de l'édifice; seulement elle est d'un ordre différent, plus exclusivement artistique. Un immense vaisseau voûté d'ogive, de 97 mètres de longueur, de 28 mètres de largeur en y joignant les chapelles latérales, de 30 mètres de hauteur du pavé à la voûte; pas de collatéraux, seulement des chapelles, polygonales au chevet, carrées dans la nef. Ces chapelles sont prises entre les contreforts qui contrebutent la grande voûte; elles sont à deux étages, celles du premier communiquant toutes entre elles par des portes pratiquées dans les contreforts, de manière à former galerie. Les fenêtres étroites et longues, percées au premier étage dans les chapelles, éclairent seules le vaisseau. — A l'occasion de ce mode de construction, Viollet-le-Duc (*Dictionnaire de l'Architecture*, T. I, p. 225) fait les réflexions suivantes: « Les grandes églises sans bas-côtés ne
« sont pas commodes pour l'exercice du culte; un
« monument sans collatéraux, sans transept,
« comme la Cathédrale d'Albi, dans lequel le
« sanctuaire produit l'effet d'un meuble apporté
« après coup, est plutôt une salle qu'une cathé-

« drale appropriée aux besoins sacerdotaux. Les
« chapelles du premier étage sont sans utilité ; ce
« ne sont que des tribunes, qui ont l'inconvénient
« de reculer les jours et d'assombrir davantage
« l'intérieur. Les peintures murales qui décorent
« l'édifice ont du moins l'avantage de l'éclairer, de
« dissimuler la lourdeur des voûtes qui, vu
« l'extrême largeur de la nef, prennent naissance
« à moitié environ de la hauteur totale du vaisseau,
« et, en somme, d'atténuer la froideur de l'en-
« semble. » Le savant archéologue fait remarquer
de plus que ces églises à une seule nef étaient devenues presque une nécessité, dans un pays épuisé,
comme l'était le Midi de la France, par les guerres
religieuses des XIIe et XIIIe siècles ; l'absence de
transept, de collatéraux, de larges claires-voies
qu'il eût fallu décorer de coûteuses verrières, s'explique par des motifs d'économie, de même que
l'insécurité générale d'alors justifie l'aspect de forteresses qu'ont revêtu nombre de ces édifices.

J'ai parlé de peintures ; ce sont les plus étendues
qu'on connaisse, car il n'est pas un pouce de brique
qui ne soit peint. Elles forment comme un immense
rideau d'azur parsemé d'ornements où l'or étincelle
de toutes parts ; et la variété de cette décoration
est merveilleuse : les anges jouent dans le feuillage ; les vierges, les saints, les martyrs se groupent
avec un art admirable ; des arabesques d'une délicatesse infinie serpentent en festons blancs comme

l'albâtre. Les plus anciennes de ces peintures remonteraient à la fin du xiv⁰ siècle ; elles décorent au fond de la nef, vers la façade, les deux énormes tours intérieures qui forment l'encadrement de la Chapelle Saint-Clair, et soutiennent l'orgue ; plusieurs d'entre elles sont signées de noms italiens. Rongées par la poussière, elles sont précieuses pour leur ancienneté, pour la naïveté du dessin, et pour les inscriptions en vieil idiome qui en expliquent le sujet ; elles représentent les peines des damnés en regard des Sept Péchés capitaux. Les fresques de la voûte, du début du xvi⁰ siècle, étonnent et éblouissent tout particulièrement le visiteur par leur état de fraîcheur et de conservation parfaite ; elles retracent la génération de l'Homme-Dieu, préparée dès l'origine du monde, promise, figurée, prédite, réalisée. Dans l'ensemble, ces peintures produisent un grand effet ; elles sont à l'intérieur une des caractéristiques de la Cathédrale d'Albi, soit une de celles qui se gravent le plus profondément en la mémoire.

Nous arrivons au Jubé, auquel l'examen antérieur et prolongé des merveilles de la Cathédrale pourrait faire tort, si le touriste avisé ne prenait soin d'interrompre de temps à autre sa visite, pour la reprendre ensuite avec moins de lassitude et plus de fruit. — Il est permis de voir l'origine du *Jubé* (1) dans les *ambons* : ainsi dénommait-on, en

(1) De la formule : *Jube, Domine, benedicere.*

la primitive Église, des tribunes placées soit à l'entrée du chœur, soit dans le chœur lui-même, et du haut desquelles se lisaient les leçons tirées des Épîtres et des Évangiles, et même se faisaient les prédications. Saint-Clément de Rome en offre le type le plus parfait ; on les trouve encore à la Cathédrale de Ravenne, à Saint-Marc de Venise, à Saint-Laurent-hors-les-Murs de Rome, à Saint-Ambroise de Milan, etc. Plus tard, l'ambon se transforme en une construction qui sépare complètement le sanctuaire de la nef ; ce serait le point de départ du jubé (voir Batissier, *Histoire de l'art monumental dans l'antiquité et le moyen-âge*, p. 365-368). Les jubés proprement dits, formant clôture haute et continue entre la nef et le chœur, ne font leur apparition que dans le courant du xiiie siècle ; ils conservaient la forme et l'affectation de tribunes. Viollet-le-Duc explique très bien (*Dictionnaire de l'Architecture*, T. III, p. 227 et suiv., T. VI, p. 147 et suiv.) sous quelle influence ils furent introduits : — Les Évêques étaient, en principe, hostiles à cette innovation ; elle allait, en effet, à l'encontre de leur prétention d'ériger les cathédrales en arènes judiciaires, où ils étaient appelés à connaître des contestations temporelles ; pour que cette juridiction pût s'exercer convenablement, il fallait que la nef fût amplement ouverte ; mais ils durent, en 1246, abandonner cette prétention, et renoncer à faire de leurs cathédrales des lieux propres aux grandes réunions populaires. Les chanoines, d'un autre côté, se trouvaient trop à découvert dans des chœurs accessibles de toutes parts; ils entendaient être *chez eux* à l'église, comme les religieux cloîtrés l'étaient dans leurs abbatiales; on éleva alors les jubés, puis bientôt après des clôtures hautes, parfaitement fermées, auxquelles s'appuyaient intérieurement des rangées de stalles fixes garnies de hauts dossiers avec dais; mais, comme il fallait que les fidèles pussent assister aux offices, on aménagea dans les églises épiscopales des chapelles nombreuses autour des bas-côtés du chœur, et même le long des parois de la nef. — Les églises paroissiales adoptèrent à leur tour la même disposition, sur une plus petite échelle toutefois ; comme elles étaient avant tout faites pour les fidèles, les chœurs ne furent guère entourés que de clôtures à jour, et les jubés laissaient voir l'autel sous des arcs portés par de fins piliers. Ce dernier mode remonte en général à la fin du xve, ou au commencement du xvie siècle. — Un grand nombre de ces jubés ont été détruits; il n'en existe plus actuellement qui soient antérieurs au xve siècle, et les fidèles à la piété desquels ils mettaient obstacle, applaudirent à leur démolition; beaucoup d'entre eux aussi, élevés à l'époque de la Renaissance, n'étaient pas en conformité de style avec le bâtiment, dont ils masquaient les belles proportions, et l'archéologue, de ce chef, les a vus de même disparaître sans regret. De tous les jubés que nous possédons encore, celui d'Albi, nous dit Viollet-le-Duc, est certainement le plus vaste, le plus complet et le plus précieux ; chargé d'une multitude infinie de sculptures, il présente un des spécimens les plus extraordinaires de l'art gothique, où la délicatesse et la complication des formes sont poussées toutes deux jusqu'aux dernières limites, sans fatigue cependant pour le spectateur.

Construit en l'an 1500 par l'Évêque Louis d'Amboise, le jubé divise exactement la nef en deux parties égales ; le domaine est donc laissé suffisamment ample aux fidèles, ce qui, avons-nous dit plus haut, ne se réalise point dans les cathédrales espagnoles. La barrière est absolument continue d'un côté à l'autre de l'église ; elle s'ouvre seulement par une porte principale, et par deux portes latérales qui donnent accès, je ne dirai point aux bas-côtés du chœur, puisque l'édifice en est absolument dépourvu, mais à l'espace laissé libre entre la clôture et les chapelles rayonnantes. Ce jubé, je dois insister sur ce point après Viollet-le-Duc, est absolument merveilleux ; Mérimée se demandait comment on a pu faire, avec une pierre cassante, ce que de nos jours on oserait à peine tenter avec du fer et du bronze. Une véritable dentelle de pierre, que soutiennent quatre piliers taillés en fuseau, et qu'animait tout un peuple de statues : il subsiste encore celles d'Adam et d'Ève, celles de la

Vierge et de saint Jean; les autres niches restent vides, mais on oublie volontiers ce méfait de la Révolution, en contemplant ces arceaux à jour surmontés de pinacles tréflés, et ces crochets, ces pendeloques, ces enroulements, ces rinceaux d'acanthe, tous détails gracieux et toujours nouveaux, dont la finesse, l'élégance, la délicatesse évoquent involontairement le souvenir de l'Alhambra.

La clôture n'est pas moins remarquable et séduisante. Les pieds-droits supportent des statues représentant les grands et les petits prophètes, des personnages de l'Ancien Testament, chacun tenant un rouleau sur lequel est gravée une inscription tirée des Livres saints; au-dessus des niches, un dais terminé en pinacle. Les deux portes latérales du chœur sont surmontées des statues des deux Empereurs chrétiens, Constantin et Charlemagne, ce dernier, glaive en main, casque en tête, bardé de fer comme un chevalier du moyen-âge. Une remarque a été faite à l'occasion de ces statues: elles sont toutes de taille au-dessous de la moyenne, presque ridiculement petites. On a voulu y voir une flatterie à l'adresse de l'Évêque Guillaume d'Amboise, qui était de fort petite taille; il serait préférable d'en accuser la décadence de la statuaire gothique sur ses fins, et de pardonner ce défaut en faveur des qualités de réalisme, d'expression que présentent plusieurs de ces figures.

Le luxe de décoration se poursuit à l'intérieur du chœur; chacune des stalles, au nombre de soixante-douze, porte en son sommet une niche renfermant une statuette d'ange sculptée; au-dessus de la niche, un petit dais s'enlève jusqu'à la frise par une merveilleuse ornementation que surmontent, en manière de gargouilles, des têtes d'animaux fantastiques. — Et c'est tout, ou du moins aurait-on jamais fini d'admirer et de décrire, s'il n'était convenable de se borner?

Le Palaïs archiépiscopal est relié à la Cathédrale par une arcade voûtée; c'est une construction féodale du xive siècle, dominée par une tour carrée. Des contreforts cylindriques, semblables à ceux de la Cathédrale, flanquent les bâtiments qui le composent, et en arrière, les jardins soutenus par de hautes murailles accostées d'échauguettes descendent en étages au-dessus du cours du Tarn. Ainsi Cathédrale et Palais formaient un ensemble défensif d'une importance capitale dans l'histoire militaire de la cité. — Tout pâlit auprès de ce groupe étonnant, et l'on ne peut plus citer qu'à titre de mémoire la vieille église Saint-Salvi, de construction romane des xiiie-xive siècles. Son clocher, quadrangulaire d'abord, puis se terminant par un renflement cylindrique crénelé, attire l'attention, grâce à son profil bizarre. Notons au chevet une jolie absidiole dont la corniche, recouverte d'imbrications, est soutenue par des modillons et des colonnettes engagées, et, à la suite du cloître adjacent, profondément délabré, du XIII⁰ siècle, au fond du jardin presbytéral, le *Mausolée des Malvoisin*, de la seconde moitié du XIII⁰, vénérable par son antiquité et par le type qu'il réalise. Le sarcophage est placé dans un enfeu divisé en deux arcades par une pilette à laquelle est adossée une statue; cette pilette a sa symétrique engagée en forme de croix au fond de l'enfeu, qui atteint $0^m 97$ de profondeur; deux petites voûtes d'arêtes, reposant d'un côté sur les deux pilettes, de l'autre sur les piliers d'angle, recouvrent l'enfoncement. A l'étage supérieur, sous une triple arcature, sont placées trois statuettes, la Vierge et deux personnages, homme et femme, agenouillés, sans doute ceux pour qui fut construit le tombeau. Au sommet, un gâble très obtus. — Tout cet ensemble de bâtiments gravitant autour de Saint-Salvi, est entouré, étouffé par de vieilles bâtisses qui entretiennent une atmosphère à souhait, et au fond desquelles, à travers la verdure du jardin, se détache au mieux le petit édicule; cette atmosphère, l'artiste ne l'a point créée, mais le temps a travaillé pour lui, et s'il est parfois un grand destructeur, nous devons reconnaître que parfois aussi il se montre excellent metteur en œuvre et coloriste accompli. Nous faisions cette réflexion en face du petit monument des Malvoisin qui, dans un bâtiment moderne, dans un musée, serait profondément déplacé, tandis que, dans cet ensemble de masures qui ont vieilli avec lui, il a trouvé et conserve le cadre qui lui convient.

C'est là le vieil Albi, et dans les ruelles voisines, accidentées, raboteuses, se dressent, ici un ancien hôtel à fenêtres ornementées du xvie siècle, là une curieuse tour de brique, ailleurs une maison à linteaux sculptés du xve, ou une jolie tourelle; toutes menues attractions qui font la joie de l'archéologue, fallût-il les chercher au fond d'une cour mal odorante. — Et non loin de là, à l'entrée des Lices, aux confins du quartier neuf, voici la statue de La Pérouse, dominant les débris de son naufrage, trois ancres et deux canons recueillis longtemps après sur les récifs de Vanikoro. L'infortuné capitaine avait quitté la France en 1785 avec deux navires, la *Boussole* et l'*Astrolabe*, pour une expédition en Océanie dont le Roi lui-même avait tracé le plan; il remplit sa mission avec des succès divers; les dernières nouvelles qu'on reçut de lui étaient datées de Port-Jackson en Australie, du mois de janvier 1788; puis le silence se fit, et l'inquiétude commença à se répandre. Au mois de septembre 1791, deux navires commandés par d'Entrecasteaux explorèrent les mers au nord-est de l'Australie, dans les parages signalés comme ayant dû être le lieu du naufrage, mais les indications étaient inexactes, et l'on ne découvrit rien. — Les recherches ne furent reprises qu'en 1825;

deux corvettes furent expédiées sous le commandement de Dumont d'Urville, le marin distingué qui devait trouver la mort dans la catastrophe du chemin de fer de Versailles du 8 mai 1842; l'un des navires avait reçu le nom d'*Astrolabe*, que portait le vaisseau de La Pérouse. D'Urville avait été devancé par l'Anglais Dillon, vieux routier de mer, qui quelques mois auparavant déterminait exactement le lieu du naufrage, l'île de Vanikoro dans l'archipel de Santa-Cruz au nord des Nouvelles-Hébrides, et recueillait diverses épaves; le Français ne put que confirmer la découverte de Dillon, et établir dans ses grandes lignes le récit de la catastrophe. Les deux navires de La Pérouse avaient touché sur les récifs, et la plus grande partie de l'équipage avait péri; quelques matelots s'étaient sauvés, et avaient été recueillis dans les îles; ils s'étaient rembarqués sur des bateaux improvisés; deux seulement étaient restés, et étaient morts depuis. Cette version était entremêlée de réticences, et la vérité difficile à établir d'une manière complète; ce qui est certain, c'est qu'un seul membre de l'expédition échappa et survécut, Lesseps, le père du célèbre perceur d'isthmes, qui avait été débarqué sur la côte du Kamtchatka pour porter des nouvelles en France, et n'assista point, par conséquent, au désastre de son chef. Les épaves recueillies, débris de fer, cloche de bronze, boulets, ainsi qu'un fragment du couronnement d'un des vaisseaux, furent rapportés en France, tant par Dillon que par Dumont d'Urville, et sont conservés au Musée de la Marine; ceux qui font cortège à la statue de La Pérouse à Albi proviennent de recherches postérieures entreprises en 1883. Un mausolée élevé sur le lieu même du sinistre, par les marins de l'*Astrolabe,* rappelle encore aujourd'hui l'épouvantable catastrophe.

Une promenade agréable, aux environs immédiats d'Albi, conduit au village de Lescure. Il conserve une vieille porte du xive siècle, fragment des anciens remparts, décorée de mâchicoulis sur l'une de ses faces, et sur l'autre de trois niches vides de leurs statuettes; puis une église paroissiale de la même époque, ancienne chapelle du château, avec un curieux bénitier creusé dans un chapiteau, et accosté de deux têtes. Au cimetière, la jolie église romane Saint-Michel, du xiie siècle, à trois nefs, avec forte tour carrée; les sculptures historiées du portail ont été longtemps regardées comme des représentations manichéennes; à l'abside, la corniche à billettes est soutenue par des modillons étrangement sculptés, animaux accroupis, têtes et gueules grotesques; même décoration à la façade. — L'excursion se continue par le *Saut du Sabot,* amoncellement de rochers schisteux au milieu desquels le Tarn se fraie passage en une série de cascades et en plusieurs chenaux profondément encaissés; aujourd'hui les eaux sont basses;

de plus, elles sont captées par un établissement métallurgique considérable, ce qui nuit étrangement au pittoresque. Une légende s'attache au site, et explique la bizarrerie du nom : le jeune berger Saho, pour rejoindre la bergère Indie, devait chaque jour traverser le torrent, épisode renouvelé d'Héro et Léandre ; un jour il glissa sur les rochers, le pied lui manqua, il disparut dans le torrent ; d'où le nom de *Saut de Saho*, plus tard défiguré par l'usage ignorant et vulgaire.

Au nord d'Albi, à quelques kilomètres de la voie ferrée, s'élève, sur une colline isolée, la vieille petite cité de *Cordes*. Elle fut fondée en 1222 par Raymond VII, comte de Toulouse ; construite d'un seul jet sur le plan des *bastides* féodales, deux longues rues parallèles coupées par deux petites places et reliées par des ruelles à angle droit, c'est une des villes de France qui ont le mieux conservé leur physionomie du moyen-âge. Village plutôt que ville, malgré ses 1,860 habitants ; mais, en raison de son altitude, les communications avec le monde extérieur sont difficiles ; le marché qui lui donnait jadis de l'importance décline, la vie l'abandonne, et bientôt perdrait-elle son précieux cachet d'ancienneté, si quelques habitants zélés n'y veillaient jalousement : ils ont fondé une *Société pour la conservation de Cordes*, et prennent leur tâche au sérieux, initiative louable à laquelle mon ami et moi donnions tous nos encouragements. Combien de destructions inutiles seraient épargnées, si chaque citoyen comprenait ainsi son devoir !

De fait, la petite cité mérite d'être protégée. Elle a gardé ses enceintes successives auxquelles s'appuient les maisons, son chemin de ronde intérieur, au sommet, derrière les parapets, d'où se découvre une vue merveilleuse sur la campagne ; son boulevard planté de platanes longeant la muraille à la base, ses portes voûtées, la *Porte de la Jeanne* couronnée de mâchicoulis, le *grand Portail* flanqué d'une grosse tour ronde, et dont le linteau conserve le grand appareil. A l'intérieur, son église du XIIIe siècle ; sur la Place des Halles, le puits profond de 100 mètres, surmonté d'une croix de fer en réparation du massacre de trois Inquisiteurs qui y furent précipités en l'an 1234 ; ses maisons historiques des XIIIe-XIVe siècles, celles du *Grand Veneur*, du *Grand Fauconnier*, du *Grand Écuyer*, avec jolies fenêtres à arcades géminées, et personnages, animaux, sujets cynégétiques encastrés en relief dans la muraille, pour rappeler la destination de telle ou telle demeure. L'une de ces habitations sert d'Hôtel-de-Ville, et l'on y resserre précieusement le *Livre ferré* de 1273, où sont consignés les règlements municipaux. — Par dessus tout, la physionomie générale, que rien ne peut remplacer, que rien ou presque rien n'est venu modifier, ses rues et ruelles caillouteuses, mal pavées, en déclivité telle qu'aucun char n'y pourrait aborder; le touriste chemine, poussiéreux, brûlé par le soleil de midi qui frappe d'aplomb ce sol rocailleux, et cependant il n'a garde de se plaindre, car rien ne vaut ces évocations du passé !

A Rocamadour, l'idée, l'intention sont différentes, mais ici encore nous trouvons à glaner. Nous sommes sur le *Causse de Gramat*, entre Lot et Dordogne, le plus septentrional de ces plateaux calcaires qui ont fait de notre part l'objet d'une précédente étude (*Une excursion dans les Causses*, 1897, *Mémoires de la Société Bourguignonne de Géographie et d'Histoire*, T. XIV), région sans eaux vives, stérile, pierreuse, fertile en abîmes et en surprises; les eaux de pluie, absorbées dès leur chute, se transforment sous la terre en vraies rivières, pour reparaître au fond des gorges ou au pied des falaises. Le touriste chemine sur le plateau désolé; il est absorbé par la monotonie du paysage, sans autre végétation que l'herbe rare où paissent les moutons; tout à coup le sol lui manque sous les pas : c'est un *aven* comme celui de Padirac, gouffre aux merveilleuses concrétions recélant une rivière souterraine; c'est une large et profonde fissure bordée de roches à pic, où s'est frayé passage *à coups de siècles*, suivant la pittoresque expression de Martel, la rivière qui encadre le Causse; ce dernier aspect est celui de Rocamadour.

L'origine du pèlerinage qui surplombe le torrent de l'Alzon, est nuageuse et charmante tout à la fois. Les compagnons du Christ, chassés de Palestine par la persécution, s'embarquent et voguent en deux esquifs : l'un aborde sur la plage de la Camargue, il portait les Saintes Marie, Marie-Magdeleine, Marthe, Lazare, et la servante Sarah, patronne des Bohémiens ; l'autre, poussé par la tempête, passe entre les Colonnes d'Hercule, pénètre dans l'Océan, et atteint l'embouchure de la Gironde ; il avait pour passagers le publicain Zachée et sa femme Véronique. Celle-ci meurt à Soulac ; Zachée s'enfonce dans l'intérieur des terres, arrive au pays des Cadurques, cherche et trouve un site sauvage où il mènera la vie solitaire, *amator solitudinis,* d'où vient au rocher dominant le torrent le nom de *Roc Amadour.* — La légende en amène une autre, celle de Roland : l'estramaçon fragmenté qu'une chaîne de fer attache au rocher, serait le fac-similé de la Durandal que le paladin ébrécha vainement au défilé de Roncevaux, et qui fut, conformément au vœu du mourant, rapportée à Rocamadour. Tout cela n'est que légendes ; volontiers les âmes pieuses y ajoutent foi ; le savant à la recherche de documents et de preuves, en croit ce qu'il veut. — Quoi qu'il en soit, la situation est éminemment pittoresque ; le *Châtelet* surplombe joliment l'abîme, et les stations successives du pèlerinage, échelonnées au flanc du rocher, depuis le sommet jusqu'à la rive du torrent, présentent un ensemble où les plus difficiles trouvent à se complaire. Il n'est pas jusqu'au village lui-même qui ne présente de jolis aspects : vieilles portes fortifiées se succédant en la rue principale du bourg, habitations anciennes ayant conservé leurs fenêtres romanes, leurs baies à colonnettes, leurs arcatures du xiiie siècle.

La région est fertile en attractions. Jadis, en congrès, nous visitâmes le château féodal de Castelnau, en bon état d'entretien, dominant la bastide de Bretenoux fondée en 1277, et le château ruiné d'Assier, bâti par Galiot de Genouillac, le grand-maître de l'artillerie de François Ier, duquel subsiste la charmante façade ornée de médaillons. Padirac, à cette époque, était à peine soupçonné ; les habitants du pays le connaissaient, et en faisaient, comme il arrive toujours en semblable occasion, leur dépotoir habituel ; ils y descendaient à l'aide de cordes pour y chercher du salpêtre. Un document de 1595 publié en 1897 dans le *Bulletin de la Société archéologique de la Corrèze*, en fait mention au cours d'un voyage ; mais l'isolement, la difficulté des communications, et peut-être aussi une crainte superstitieuse (1) maintenaient Padirac

(1) Je trouve au *Bulletin de la Société de Géographie de Toulouse*, année 1900, fasc. 1, p. 96-97, la trace d'une légende d'après laquelle la création du Gouffre de Padirac serait due à un coup de pied lancé par le Diable, au cours d'une discussion avec saint Pierre. Cette légende justifierait, dans une certaine mesure, la répugnance que l'habitant des Causses éprouvait à s'aventurer en cet abîme.

dans l'oubli ; il fallut l'ingéniosité, l'obstination de M. Martel, le grand explorateur des Causses, pour l'en faire sortir. Il l'aborde en 1889, l'explore, en fait sa chose ; il s'efforce de l'aménager, de le rendre praticable à tous venants ; le gouffre est inauguré officiellement par un Ministre, en 1899, lors du Congrès des Sociétés savantes tenu à Toulouse. Depuis lors, la vogue s'y est attachée, une Société d'exploitation s'est fondée ; la Compagnie du Chemin de fer d'Orléans a mis à la disposition de l'œuvre la plus large publicité, et Padirac est en voie de supplanter Dargilan, de périlleuse mémoire.

Le trajet se fait en voiture depuis la station de Rocamadour ; il est commode de coucher à Alvignac, petite station balnéaire distante de Padirac de 10 kilomètres seulement. La route est passable, accidentée ; rien ne fait prévoir l'abîme qui s'ouvre sur le plateau, à fleur de terre, dûment réglementé par un tourniquet ; ne plus s'étonner de rien, depuis qu'on descend par un procédé analogue dans les ruines d'Herculanum. — Un premier petit escalier d'abord, de 76 marches, débouche sur une corniche naturelle à 15 mètres de profondeur ; au-dessus de nos têtes se dessine déjà le vaste orifice circulaire de 99 mètres de pourtour et 31^m 50 de diamètre. Sur ce palier s'embranche le grand escalier de fer à cage verticale, haut de 37 mètres, qui, par dix paliers consécutifs (206 marches), conduit sans fatigue à 57 mètres sous terre. Du pied de l'escalier, l'impression est fantastique : on se croirait au fond d'un télescope ayant pour objectif un morceau circulaire de ciel bleu. A l'orifice et aux saillies du colossal entonnoir, pendent de longues touffes de plantes en apparence de forêt vierge, amies de l'ombre et de l'obscurité. — La descente continue le long du cône d'éboulement, par un sentier en lacets, jusqu'à 75 mètres de profondeur; ici, nous sommes à l'entrée même de la caverne. Encore un escalier de 133 marches sur 28 mètres de profondeur, et nous aboutissons, à 103 mètres sous terre, à l'orifice de la *Grande Galerie*. Au total, 415 marches que le touriste descend sans fatigue ni sensation aucune de vertige, excursion pour dames, disions-nous, étonnés de n'y rencontrer aucune apparence de danger; mais tout a été prévu, scientifiquement calculé, et le visiteur n'a qu'à se laisser porter.

Une chaussée de 280 mètres de longueur à terrain plat, côtoyée par de hautes parois rocheuses, longe le ruisseau souterrain; la lumière électrique nous éclaire; bientôt le ruisseau devient rivière portant bateaux, et nous nous embarquons. La *Rivière plane* a 600 mètres de développement sur une largeur de 6 à 10 mètres; elle chemine sous des voûtes de 6 à 50 mètres d'élévation, traverse des lacs, se rétrécit à certains endroits, au *Pas du Crocodile*, au *Pas de la Belle-Mère* (toujours même rancune de la part des gendres !) pour aboutir au *Lac de la Fin*, où s'arrête jusqu'à ce jour l'aménagement. Il est vraisemblable que le débouché du cours d'eau se trouverait en une des sources qui jaillissent sur la rive gauche de la Dordogne, au pied des falaises septentrionales du Causse de Gramat. — Le visiteur d'ailleurs n'a pas perdu son temps ; il a cheminé de féerie en féerie ; les stalactites lambrissent les parois de leur brillant revêtement, s'étalent en saillies, s'allongent en rangées de gracieux ornements, bouquets de fleurs, bénitiers, feuilles d'acanthe, statuettes, dais, consoles, clochetons, la *Grande Pendeloque*, longue de 15 mètres, soit d'innombrables fantaisies de la nature, que la fantaisie non moins infatigable du découvreur a baptisées de noms divers. La navigation est charmante et pleine de poésie ; aucun bruit, le silence le plus absolu, à peine troublé par la chute des gouttelettes d'eau et par le sourd bruissement des rames ; le visiteur se sent glisser sans effort, et le débarquement vient trop tôt interrompre sa rêverie ; mais il faut admirer le *Grand Dôme*, dont la voûte s'élève à 91 mètres au-dessus du niveau de la rivière, soit une des trois plus hautes voûtes naturelles connues et mesurées (les deux autres sont la *Grotte du Jubilé* et le *Dôme de l'Empereur*, près de Trieste) ; après quoi, reste à revenir par le même chemin.

La visite a duré moins de deux heures, sans difficulté, ni péril aucun. Il n'en allait pas de même jadis, avant l'aménagement pour lequel Martel dépensa son temps, ses soins et ses forces; la rivière présentait de nombreux barrages qu'il fallut percer, et qui, à l'origine, nécessitaient autant de portages. Le *Lac des Bénitiers* me rappelle l'accident dont nos spéléologues furent victimes, et qui eût pu tourner au tragique; je l'ai raconté à mon *Excursion dans les Causses*; je retrouve la saillie rocheuse à laquelle s'accrochèrent Martel et ses compagnons, alors que le renversement du bateau venait de leur administrer un bain inopiné et fort mal venu; je me remémore le récit de mon guide de Montpellier-le-Vieux qui, demeuré à l'orifice, vint fort à propos leur porter secours et les tirer d'embarras. Aujourd'hui, pareille mésaventure n'est plus à craindre, et l'on en vient presque, bizarrerie du caractère humain, à regretter cette absence de danger. C'est du moins, pour moi, l'impression qui me reste, au souvenir de la périlleuse descente de quatre heures au fond du Gouffre de Dargilan; ce souvenir nuit à Padirac, trop parfaitement aménagé; il nuit encore plus aux Grottes de Han, où l'on se promène comme sur un boulevard parisien, au point d'y rencontrer, en cours de visite, une buvette à la disposition du promeneur. Il me semble même, en rappelant mes souvenirs déjà lointains, que les concrétions calcaires, stalactites et stalagmites, tant à Han qu'à Dargilan, seraient plus intéressantes, plus monumentales qu'ici ; la *Salle de la Mosquée,* celle *de l'Église,* les *Orgues* de Dargilan, hantent encore ma mémoire ; mais Padirac a son *Grand Dôme,* il partage avec Han le privilège d'une rivière souterraine aménagée et portant bateau ; la sortie en canot des Grottes de Han est vraiment féerique. Telles sont les réflexions comparatives que me suggère ma faible pratique des cavernes souterraines ; au lecteur de choisir, et, pour mieux faire, d'aller les visiter toutes trois, et de juger sur les lieux ; dans l'une comme dans l'autre, il n'aura pas perdu son temps.

Je quitte les abîmes et les excursions souterraines pour affronter les cimes ; précisant ma pensée, je vais aborder l'Auvergne. A vrai dire, je n'y rencontrerai pas davantage le péril, et n'y trouverai que des sommets estimables, mais point démesurés. Il n'en existe aucun au centre de la France ; le plus élevé, le Sancy, dans la chaîne des Monts Dore, n'atteint que 1.886 mètres ; mais j'ai hâte de voir la Haute-Auvergne, soit le département du Cantal, et de juger par moi-même si les éloges que, dans un précédent voyage *(Huit jours en Velay,* 1904, *Mémoires de la Société bourguignonne de Géographie et d'Histoire,* T. XXI), je décernais à la Basse-Auvergne personnifiée par le département du Puy-de-Dôme, ne pourraient pas, en bonne justice, être répartis entre toutes deux.

Au-delà de Saint-Denis-près-Martel, important nœud de chemins de fer, dominé par le Puy d'Issolu qui fut jadis *Uxellodunum*, j'abandonne la direction Sud-Nord pour tourner franchement à l'Est. C'est la jolie vallée de la Cère, affluent de la Dordogne, plaine riante d'abord, qui bientôt se transforme en un défilé sauvage où la rivière, encaissée entre de hautes parois rocheuses, coule en torrent, se brise sur un lit obstrué de rocailles. Le site est désert, la voie ferrée court sur d'étroites corniches accrochées aux parois à pic; vingt-deux tunnels coup sur coup; solitude complète; de loin en loin, une baraque de cantonnier, une petite gare isolée, jalonnent ce long couloir de 25 kilomètres. A Laroquebrou, la ravine s'élargit, la vie reparaît en un riant bassin que dominent un château féodal en ruines et une statue de la Vierge; cette association est une des caractéristiques du pays; nous l'avons déjà notée au Velay, nous la retrouverons tout le long de l'Auvergne.

Aurillac est la capitale de la région; elle a le mouvement et la vie, mais l'importance historique et les traditions sont demeurées à Saint-Flour. On a voulu tenir la balance égale entre les deux villes, et, si la Préfecture et la garnison sont au chef-lieu, Saint-Flour a conservé son Évêché, et s'est vu doter de la Cour d'assises. Aurillac ne saurait me retenir longtemps. *Capitale des chaudronniers*, dira-t-on; mais, sans vouloir médire de cette corporation estimable, elle peut montrer quelque chose de mieux: dans les quartiers modernes et à l'entrée, la belle place du Palais de Justice avec square, l'église des Cordeliers où l'on vénère la Vierge noire d'Aurillac, la promenade des Graviers, le long de la Jordanne, où se dressent les statues du général Delzons et du moine Gerbert, depuis pape Sylvestre II. Ici commence la vieille ville, aux rues sinueuses, aux maisons noires, vrai quartier des *batteurs de cuivre*. L'église Saint-Géraud, ancienne abbatiale reconstruite au XVIIe siècle, en marque l'extrémité; au centre de la place adjacente, une belle fontaine du XIVe avec cuve en serpentine, encore une caractéristique que nous notons plus d'une fois sur cette terre de volcans; mais surtout, à un angle de la place, encadré de la façon la plus pittoresque par l'ouverture d'une rue étroite, un charmant petit château se dressant sur la colline voisine; il apparaît singulièrement moderne, et *tout battant neuf*; de fait, il ne conserve d'ancien que son donjon carré du XIe, et a été pour le surplus reconstruit il y a 25 ans; c'est le château de Saint-Étienne, jadis résidence des Comtes d'Auvergne, où, au cours du IXe siècle, naquit saint Géraud, patron de la ville. — Une autre attraction d'Aurillac est la *Maison des Consuls*, jolie construction gothique avec croisées à meneaux, tourelle d'angle, délicate ornementation à la porte d'entrée et à la fenêtre qui la surmonte;

soit un petit bijou architectural, auquel l'installation de la Caisse d'Épargne donne chance de conservation et de durée. Enfin, au bout d'une longue rue poussiéreuse et noire, la Chapelle d'Aurinques, de la fin du xvie siècle, avec trois curieux tableaux commémorant un fait de nos guerres religieuses.

On voudrait ne point s'arrêter, négliger les petites cités, pour courir droit aux attractions majeures; agir ainsi est un tort, et dénote peu de pratique des voyages, peu de connaissance de notre France, où il n'existe guère de cité, si petite qu'elle soit, — je parle surtout des régions méridionales, — qui ne réserve au visiteur quelque surprise. L'étranger le sait, et il proclame bien haut que notre patrie est, de tous les pays civilisés, celui qui présente la plus grande somme d'attractions de toute nature; parfois l'habitant les ignore lui-même, et laisse au touriste le soin de les découvrir; mais j'insiste sur ce point que, rarement, au cours de mes voyages, il m'est arrivé de quitter une ville en proclamant comme maint touriste : « Rien à voir! « inutile de s'arrêter! » J'avais trouvé quelque chose, soit une vieille demeure, soit un coin pittoresque de paysage urbain, et je n'avais point perdu le temps, fort court d'ailleurs, que j'avais consacré à ma visite.

Nous reprenons le cours de la Cère, que la voie ferrée remonte jusqu'au Lioran. Belle vallée verdoyante et ouverte jusqu'à Vic-sur-Cère, charmante petite station de changement d'air dans un site ravissant; près de la gare, les beaux hôtels, le mouvement mondain; sur la rive opposée du cours d'eau, le vieux village fertile en recoins pittoresques; et, au pourtour, la montagne, les collines couronnées de vieux châteaux. Mais, le paysage s'assombrit, la vallée se resserre, la voie ferrée s'escarpe, la locomotive souffle et halète, les tunnels se multiplient. Les cultures ont cessé; ce ne sont plus que buissons, halliers, au sein desquels le genêt jette sa note de couleur éclatante. Dans le fond, les hautes cimes surgissent, le Puy Griou profile son piton aigu et décharné, quelque chose comme une évocation du Cervin, toutes proportions gardées; nous sommes au cœur du massif cantalien. La Cère, de rivière devenue torrent, n'est plus qu'un filet d'eau qui se fraie péniblement passage sur un lit encaissé de rochers. Les ouvrages d'art se succèdent, viaducs, tunnels; un dernier, au faîte de la ligne de partage des deux bassins de la Garonne et de la Loire; puis nous débouchons dans la haute vallée de l'Alagnon naissant; nous sommes en gare du Lioran.

Station isolée, à 1.152 mètres d'altitude, dans un site sauvage, entourée, écrasée par la montagne que noircit la sombre verdure des sapins; faible agglomération de maisons au milieu desquelles se dresse le joli chalet-hôtel bâti par la Compagnie d'Orléans. Il est ouvert de la veille, la saison est à peine commencée; mais c'est une précieuse ressource pour les touristes, et le point de départ le mieux choisi pour grimper au Plomb du Cantal.

L'ascension est facile, point fatigante, un peu longue seulement, deux heures à la montée. Le chemin rocailleux serpente à travers bois; puis ce sont des pentes gazonnées où croissent les myrtilles, les anémones, les campanules, les gentianes; des *burons*, chalets pour la garde des bestiaux et les travaux de laiterie; çà et là paissent les troupeaux, sous la garde de quelque gamin. Les repères du *Touring-Club* jalonnent le chemin. Peu à peu l'horizon s'élargit et s'étend, mais les cimes demeurent voilées; point de soleil, paysage triste et morne. Les *grimpettes* se succèdent; bientôt apparaît le *Plomb*, forte protubérance en forme de dos allongé, se dressant au milieu des pâturages; au pied, de rares flaques de neige. Le sommet est facilement atteint; une forte construction en fonte s'y dresse, qui servit pour un temps de cage aux bestiaux rétifs. En quelques mots, une cime arrondie, ni puy, ni pic, au gazon ras semé de quelques fleurettes. La température est douce, pas un souffle de brise, tandis qu'à la montée régnait un vent froid parfois incommode. Nous sommes à 1.858 mètres d'altitude, soit le second sommet du centre de la France, après le Sancy; le panorama est beau, un peu confus toutefois, et, en raison du ciel voilé, l'horizon ne s'étend guère au-delà du massif même du Cantal. On me promet plus belle vue du haut du Puy Mary, et dès maintenant je puis dire que la promesse a été tenue. — A la descente, je converse avec un petit pâtre, je pénètre dans un buron; ces braves gens ne sont guère accoutumés aux visites, on me prend pour le *patron*, soit le propriétaire de l'alpage venant surveiller ses tenanciers; on veut m'initier à la fabrication des fromages, mais l'offre me laisse froid.

Durée de descente à peu près égale à celle de la montée. Je ne suis plus à l'âge où l'on se laisse dégringoler le long des croupes herbeuses; il convient de se garder des faux pas, de craindre les entorses, comme celle qui me survint jadis au sommet du Puy-de-Dôme. Un clan de bohémiens campe sur la route à l'entrée du tunnel; l'indigène les voit d'un mauvais œil; ce sont tous pillards, grands voleurs de poules..... Sous le tunnel même résonne un merveilleux écho; la route y passe, pour éviter le col souvent obstrué par les neiges; le chemin de fer a son tunnel particulier, un peu plus bas, au bord même du torrent.

A moins de faire séjour au Lioran, et les attractions n'y manquent pas, l'ascension du Plomb est le but essentiel, et, ce but atteint, le touriste poursuit son chemin. La descente sur Murat est un enchantement perpétuel, de trop courte durée, une demi-heure seulement; la voie serpente à travers la forêt sur la rive droite du torrent de l'Alagnon;

la vallée profonde et sombre s'élargit peu à peu, s'humanise, s'éclaire de pâturages, s'anime d'habitations. Le chemin de fer cependant demeure serré au rocher, et franchit sur des viaducs aériens les ravins sauvages qui courent vers l'Alagnon. L'atmosphère elle-même s'adoucit, nous débouchons en plaine. — Une forte agglomération urbaine occupe le fond du bassin, et s'étage à la base d'une colline rocheuse : c'est Murat, dominé par le rocher perpendiculaire de Bonnevie à structure basaltique. Le site est analogue à celui du Puy, et, pour compléter la ressemblance, au sommet du rocher se dresse une Vierge colossale en fonte passée au blanc de céruse (nous avons déjà surpris au Puy cette fâcheuse manie de peinture). En arrière de Bonnevie, la croupe allongée du rocher de Chastel, et, sur le versant opposé, faisant face à ces deux *dykes,* un troisième dyke, Bredons, couronné par une vieille petite église. Tel est, dans ses grandes lignes, le site de Murat, un des plus remarquables assurément d'une région où abondent les points de vue peu ordinaires, ne ressemblant à aucun autre.

Dans le détail, Murat est une petite ville auvergnate, c'est-à-dire poussiéreuse, aux rues tortueuses, aux maisons noires où foisonnent les chaudronniers. Çà et là, dans la haute ville, quelques demeures intéressantes, l'église Notre-Dame-des-Oliviers, de la fin du XVIe siècle, avec sa Vierge noire. La visite en est rapidement faite, et l'on se heurte vite à la base du rocher qui surplombe les dernières maisons, les écrase de sa masse. Bon hôtel; le voyageur de commerce n'est pas mort, et la *manille* fonctionne avec acharnement.

L'ascension du Rocher de Bredons s'impose au double point de vue pittoresque et archéologique; elle est facile et de courte durée. De la terrasse gazonnée qui s'étend au sommet, on domine bien la plaine de Murat, et l'on fait face à la Vierge de Bonnevie; c'est un beau panorama de montagnes et de plaines, où se détachent les dykes volcaniques, où se dressent les hauts sommets du Cantal dominés par la croupe allongée du Plomb. L'église romane du XIe siècle présente un portail intéressant rappelant quelque peu le style catalan, avec des boudins concentriques et une frise en dents de scie; au-dessus de la porte, un *moucharabié* avec pseudo-mâchicoulis de défense. L'intérieur, dans sa modestie d'église de village, recèle cependant des attractions qui lui font atteindre l'importance d'un petit musée archéologique : l'autel flanqué de colonnes torses, est ornementé à la mode espagnole, et garni d'un retable en bois étincelant de dorures, où se dressent deux Arbres de Jessé; les stalles sont finement travaillées; de belles boiseries sculptées; une Vierge en bois de cèdre rapportée, dit-on, de Palestine par saint Louis, qui avait fait bâtir un château-fort voisin de l'église; enfin et surtout de superbes ornements sacerdotaux, dont

le bon curé me fait les honneurs avec enthousiasme, et qui ont éveillé à plusieurs reprises l'admiration de M. de Lasteyrie, bon juge en la matière.
— Rien ne sert comme de converser avec l'indigène, qu'il soit curé, hôtelier ou conducteur de voiture ; on recueille ainsi des aperçus précieux sur l'esprit et le caractère des habitants, sur leurs convictions politiques et religieuses ; on s'instruit, on s'éclaire, et l'on discerne au mieux la cause de tel évènement de la veille, de tel changement brusque dans l'orientation électorale et sociale du pays. Souvent un résultat considérable est déterminé par de petits faits, auxquels nous ne concédions aucune valeur.....

L'excursion capitale et obligée à faire depuis Murat est celle qui conduit au Puy Mary. La route contourne la ville haute, passe au pied du Rocher de Chastel que domine l'église du village, pittoresquement campée, descend dans le joli vallon verdoyant de la Chevade, puis, par de grands lacets, s'élève à un faîte de collines pour passer du bassin de l'Alagnon, affluent de l'Allier, dans celui de l'Impradine et de la Santoire, tributaires de la Dordogne. La route est bonne ; elle domine le cours de l'Impradine qui coule en profond contrebas. Au-delà du village de Dienne, le Puy Mary se découvre, forte pyramide se profilant à l'horizon, à demi-couverte de neige. La voiture s'arrête au bas de la montée ; la route continue, et, longeant le Puy à sa base, s'élève jusqu'au Pas de Peyrol, 1.582 mètres d'altitude ; il établit la communication directe entre Murat et Salers, communication précaire toutefois, car le col est obstrué par les neiges pendant la majeure partie de l'année, et il est toujours prudent de se renseigner avant de se mettre en route. Aujourd'hui, par le beau soleil de ces jours derniers, la neige a fondu ; il n'en reste plus qu'une *congère* ou amas descendant du Puy, et recouvrant encore en largeur le tiers de la route.

Au col même, la vue est superbe ; la route immédiatement redescend vers Salers, dont les maisons lointaines étincellent au soleil ; du haut du Puy, le point de vue sera plus beau encore, et je me mets sur-le-champ en devoir de le gravir. La distance est courte, 25 minutes à peine pour atteindre le sommet qui s'élève à 1.787 mètres, soit 200 mètres seulement au-dessus du col ; la difficulté de l'ascension est considérablement réduite par ce fait même qu'une route carrossable passe exactement au pied de la pyramide ; elle n'en subsiste pas moins réelle. La pyramide triangulaire, en effet, présente des arêtes étrangement étroites et aiguës, dont l'une est utilisée par le sentier ; il faut donc cheminer sur un étroit dos d'âne, fort grimpant, fort glissant, semé de pierrailles roulantes, et la vue des pentes fuyant de chaque côté n'est pas sans donner une certaine sensation de vertige. Du sommet, quelque peu arrondi, la vue est magnifique, et en réalité ne m'a point été trop vantée ; on domine sur la gauche le vaste Cirque de Mandailles ; nous sommes revenus ici à la hauteur et à peu de distance du Lioran, dont nous sépare le Col de Cabre, d'accès peu facile. A vrai dire, la configuration du sol avoisinant n'est point spéciale et particulière à la région, comme celle qui se découvre du sommet du Puy-de-Dôme, où l'on domine le massif tout entier des *puys*, avec leurs cratères évasés reflétant une influence volcanique éteinte ou simplement en sommeil. Du haut du Puy Mary, le spectacle n'en est pas moins captivant, grâce à une caractéristique sur laquelle on ne saurait trop insister : ce sont toutes les vallées profondes, séparées nettement par d'étroites arêtes, qui rayonnent comme les jantes d'une roue gigantesque dont le Puy occuperait le moyeu. Pour préciser, et négligeant les vallons et ravines secondaires, je note au nord le faisceau de cours d'eau et de vallées convergeant vers la Cheylade et Riom-ès-Montagne ; au sud, la vallée de la Jordanne vers Aurillac ; à l'est, celle de l'Impradine vers Murat ; à l'ouest, le ruisseau d'Aspre vers Salers. — C'est grandiose et attachant, un des plus beaux horizons de montagnes qu'il soit possible de contempler, et l'on demeurerait volontiers, n'étaient le vent assez gênant et l'équilibre peu stable. A la descente, je cueille quelques fleurs alpestres, surtout les belles et vigoureuses campanules jaunes dont la pente est émaillée ; je rejoins la voiture, et redescends vers Murat.

Courte station au village de Dienne, pour visiter l'église du XII⁰ siècle. Le clocher est un simple pignon percé de quatre arcades ; les trois nefs sont soutenues par des piliers trapus, alternativement cylindriques et en faisceau de colonnes engagées ; les chapiteaux sculptés présentent des crochets, des volutes et des têtes grotesques. Joli portail roman ; l'abside est flanquée de deux absidioles, et se termine par une corniche agrémentée de billettes, que soutiennent des modillons sculptés. Ainsi une simple église de village offre matière à glanure archéologique, et il en est bien souvent de même en notre France méridionale. — C'est la fête locale à Dienne, et le touriste aimerait à voir danser la *bourrée*, l'homme et la femme se trémoussant en cadence par des passes un peu rustiques, mais pleines de couleur locale :

>C'est ainsi qu'on dansait chez nous,
>L'homme le chapeau sur la tête,
>Et la femme en habits de fête,
>Couverte de tous ses bijoux.
>Jadis, au son de la cabrette,
>C'est ainsi qu'on dansait chez nous.

Je cite cette chanson d'un poète local, Vermenouze, qui m'a paru étrangement savoureuse. Mais les vieilles coutumes s'en vont : pas de bourrée à Dienne, simplement les filles endimanchées qui paradent près de quelque étalage en plein vent, et les garçons qui se ruent à l'assaut de chevaux de bois venus de la ville.

Au-delà de Murat, vers Neussargues, la route est banale; elle se ressaisit et redevient pittoresque pour descendre sur Saint-Flour. Encore une de ces villes qui valent mieux que leur réputation : certes, le faubourg qui avoisine la gare est poussiéreux, et n'a rien d'attrayant; mais la petite cité est pittoresquement campée sur un promontoire, dominant de plus de cent mètres d'altitude le confluent de deux ruisseaux ; elle avait jadis une importance militaire considérable, et cependant son origine est toute religieuse. Lieu de prédication adopté par saint Florus qui lui donne son nom et y meurt au IVe siècle, elle reçoit au XIe une abbaye affiliée à Cluny; érigée au XIVe en évêché, elle s'entoure de murailles, et devient, par sa situation inexpugnable, la capitale de la Haute-Auvergne. La base des anciens remparts s'appuyant au rocher se laisse encore voir au pourtour de la colline; les deux tours de la cathédrale émergent du groupe de maisons, et les dominent. La route monte par de longs lacets, longe une rangée de belles colonnes basaltiques creusées de fissures et d'anfractuosités, et débouche au sommet du plateau sur les Promenades.

Le centre de la vitalité urbaine est à la Place

d'Armes, garnie d'arcades sur une de ses faces, alignant quelques vieilles demeures, l'ancien *Hôtel des Consuls* avec une charmante façade Renaissance. La Cathédrale, extérieurement lourde et massive, présente une façade à trois portails flanquée de deux tours carrées; à l'intérieur, cinq petites nefs sans transept, quelques bons tableaux, le Martyre de saint Symphorien d'Autun; le chœur est fermé et entouré d'un déambulatoire; au-dessus de la verrière du chevet, un grand Christ noir du xiiie siècle, avec jupon tel que nous en avons rencontré à chaque pas en Roussillon et en Cerdagne; partout, le bénitier en pierre noire du pays, isolé à l'entrée du sanctuaire; de pierre noire aussi est la fontaine décorant le centre de la place. Notons encore les collatéraux, fort bas suivant le mode bourguignon, et surmontés de puissants contreforts qui contrebutent la voûte centrale. — Le Palais épiscopal est contigu à la Cathédrale; tout cela vu rapidement, et il me reste ample loisir pour errer en ville et faire des découvertes.

Tout d'abord, en arrière de la Cathédrale, une terrasse dominant de haut la campagne, et donnant une vue étendue sur la *Planèze*, vaste plateau basaltique, riche en céréales, qui constitue l'arrondissement de Saint-Flour et la partie orientale de celui de Murat, puis sur les Monts de la Margeride. Dans la ville même, force maisons intéressantes : à la rue Marchande, l'*hôtel Brisson*, de la

Renaissance, avec cour intérieure sur laquelle s'ouvre une galerie à deux étages soutenue par des colonnes torses; la *Maison du Gouverneur*, avec tour d'escalier du xve siècle. Plus loin, l'ancienne église Notre-Dame, des xive-xve, à façade noircie, vénérable, où se montre le petit appareil fruste; elle est convertie en Halle au blé. Ailleurs, dans un petit recoin de place, la Chapelle des Pénitents, au clocher de bois, large fenêtre grillée au-dessus de la porte en plein cintre; l'église paroissiale Saint-Vincent, du xive siècle, sans collatéraux, avec chapelles latérales dans la partie inférieure de la nef; le bénitier est une vasque de marbre soutenue par un pilier octogonal en pierre noire; la porte ogivale est flanquée de colonnes engagées en retrait. — Je sors par la *Porte de Tuile*, couronnée d'une vieille haute maison, hôtel fortifié du xve siècle; ici, la descente est rapide, caillouteuse; quartier misérable. Je rentre en ville par l'Esplanade, que bordent les bâtiments du Petit Séminaire, et d'où se découvre encore un vaste horizon. Partout des attractions, des surprises, modestes assurément, mais justifiant mon dire, qu'il n'est guère en France de ville assez disgraciée pour ne pas mériter la faveur d'une visite. Parmi ces cités modestes, Saint-Flour figure assurément en bon rang.

Comme pour Murat l'excursion au Puy Mary, de même pour Saint-Flour la promenade de *Gara-*

bit est le complément obligé. Le trajet est agréable : c'est la Planèze, de belles prairies, puis des genêts et des sapins, quand nous approchons du viaduc. Il enjambe une profonde vallée au fond de laquelle coule la Truyère ; le site est pittoresque, point triste, animé par une belle route, quelques habitations, de l'eau, de la verdure. — Construit en 1880-84 par Eiffel sur les plans de l'Ingénieur Boyer, il relie le plateau de la Planèze à celui de Saint-Chély ; la longueur totale de l'ouvrage est de 564 mètres en y comprenant les plates-formes en maçonnerie ; celle du tablier métallique est de 448 mètres. La hauteur au-dessus du point le plus bas de la vallée est de 124 mètres ; c'est là que s'ouvre l'arche centrale, dont le développement mesure 165 mètres de diamètre à la base ; cette élévation est telle que, par comparaison, on a imaginé de placer dans l'ouverture, en les superposant, Notre-Dame de Paris et la Colonne de la Place de la Bastille : ces deux monuments n'atteindraient pas tout à fait la hauteur totale de la grande arche. Le tablier du pont est soutenu par cinq colonnes en cage de fer reposant sur de solides piles de maçonnerie ; sur l'une de ces piles, l'inscription : *Viaduc de Garabit, 1880-1884 ; Léon Boyer, Ingénieur des Ponts et Chaussées, membre du Conseil général de la Seine ; Baudy, Ingénieur en chef des Ponts et Chaussées ; Eiffel, Ingénieur-constructeur.* C'était le début du maître.

Pour bien apprécier la hauteur colossale de la construction, il convient de se placer immédiatement au-dessous de la grande arche; on se sent un Pygmée perdu dans l'immensité; mieux encore, à quelque distance en recul, sur un des lacets de la route; de là se détache au mieux le colosse de fer, de fonte et d'acier; de là aussi se dégage le plus nettement l'impression : le profil est merveilleux; aucune lourdeur, c'est un chef-d'œuvre de légèreté et de grâce, caractéristique rare et d'autant plus appréciable pour une œuvre de cette envergure. Toute différente est la sensation, si l'on se hasarde sur le pont lui-même, et si l'on chemine jusqu'en son milieu, au point où il domine de plus haut la vallée et le cours d'eau; à cet endroit précis, le spectacle est terrifiant; on se rejette en arrière pour échapper au vertige qui vous menace. Je demandais au garde-barrière s'il se produisait parfois des accidents; aucun, me répondit-il, mais bien quelques suicides, des malheureux désespérés de la vie, ou bien encore des *dilettanti* en quête d'un nouveau mode de destruction individuelle; ceux-là sont sûrs de n'avoir pas à recommencer.

Le soir même, je couche à Clermont. Quel contraste entre la grande ville tumultueuse, la place de Jaude animée, brillamment éclairée, sillonnée de tramways, et les petites cités tranquilles que je viens de parcourir pendant une semaine! Toute l'antithèse se trouve là résumée : d'un côté, la Basse-Auvergne avec ses cités mondaines et industrielles, ses stations balnéaires, sa fertile Limagne; de l'autre, la Haute-Auvergne avec ses villes modestes, ses forêts, son sol pierreux, sa population clairsemée. Et cependant le contraste n'est point complet : même en face du riche département du Puy-de-Dôme, le pauvre Cantal ne fait pas trop mauvaise figure; la race y est assurément la même; l'habitant y est pauvre, mais vaillant; il sait mettre en valeur un sol ingrat, et ce sol, d'ailleurs, est loin d'être absolument infertile; puis une région qui possède de belles montagnes comme le Plomb du Cantal et le Puy Mary, un site délicieux tel que le Lioran, un merveilleux travail d'art comme Garabit, qui a des villes pittoresquement situées, telles que Murat et Saint-Flour, cette région peut encore compter sur elle-même, se dire que le touriste et avec lui la richesse lui viendront, lorsqu'elle saura mettre un peu mieux en relief ses trésors.

Au lendemain matin, je flâne sur la place de Jaude, une des plus vastes de France, qui serait en outre une des plus belles, si l'on prenait quelque peine pour l'aménager. Sur un haut socle de marbre blanc en forme de portique, se dresse le colossal Vercingétorix, campé sur un cheval au galop, l'épée haute, terrassant l'ennemi vaincu.

C'est le héros gaulois victorieux à Gergovie, et ne pressentant pas encore le désastre d'Alésia. Le colosse est un peu lourd, si lourd même qu'on a dû renoncer à le hisser sur le plateau qui vit son triomphe, et qu'après l'avoir oublié quelque temps dans la cour du Palais universitaire, on s'est décidé à l'installer simplement sur la place de Jaude. Il est peut-être trop haut perché sur son piédestal ; on a voulu compenser la lourdeur.... Bref, l'installation prête à la critique ; il semble qu'au sommet de Gergovie, Vercingétorix vainqueur eût été le digne pendant de notre glorieux vaincu d'Alise.

Ma dernière étape est Moulins ; encore, avant d'y arriver, me suis-je imposé une station intermédiaire. Nous avons à Dijon nos tombeaux renommés des Ducs de Bourgogne ; je veux contempler ceux des Princes de la maison de Bourbon. Ils ont leur Saint-Denis à Souvigny, modeste bourgade à 14 kilomètres de Moulins, sur la voie ferrée.

Souvigny a un passé glorieux. Le premier seigneur de Bourbon, Adhémar, y établit sa résidence et y construisit un château. Cluny venait d'être fondé (910) ; le nouveau seigneur sollicite et obtient la création d'un prieuré relevant de la grande abbaye. Les seigneurs de Bourbon quittent Souvigny pour se fixer à Bourbon-l'Archambault ; mais le prieuré reste et devient célèbre. Saint

Mayeul et saint Odilon, abbés de Cluny, y meurent (994 et 1049) et y sont ensevelis; à partir du xiiie siècle, les sires de Bourbon y établissent leur nécropole. Trois maisons de Bourbon se succèdent; la troisième et la plus célèbre dérive de Robert de Clermont, sixième fils de saint Louis, qui épouse en 1272 Béatrix, héritière de la deuxième maison. Pendant trois siècles, avant d'arriver au trône, elle fait grande figure dans l'histoire; au xive, elle se divise en deux branches, celle de Bourbon et celle de la Marche; à la branche aînée appartiennent Louis II et Charles Ier, dont l'église de Souvigny conserve les tombeaux; Pierre, sire de Beaujeu, qui épouse Anne, fille aînée de Louis XI, et le célèbre connétable, mort en 1527, le dernier de sa branche. Les sires de la Marche héritent des droits de la branche aînée, sinon de ses biens sur lesquels la Couronne a fait main basse; l'un d'eux, Antoine de Bourbon, devient Roi de Navarre; son fils Henri IV monte sur le trône de France.

Telle est, dans ses grandes lignes, l'histoire de cette illustre maison, la plus ancienne, la plus noble qui soit au monde, et dans laquelle se sont incarnées les destinées de notre patrie. Voyons maintenant ce qu'elle a su faire à Souvigny, car tout ce que nous y rencontrerons dérive d'elle ou de son influence.

L'époque exacte de la construction de l'église abbatiale demeure douteuse. Les archéologues ont longtemps discuté et discutent encore, sur le point de savoir si cette date doit être fixée à la première ou à la seconde moitié du XIe siècle. La première opinion est celle de MM. Mérimée et de Soultrait, lesquels se basaient principalement sur le peu de profondeur et la forme à peine esquissée des chapiteaux (1) ; à l'appui de cette opinion, et comme argument décisif, on fait valoir la découverte récente, à la Bibliothèque vaticane, d'un manuscrit parlant de la consécration de l'église par Pierre Damien en 1064 ; c'est donc l'abbé de Cluny, Odilon, qui aurait entrepris la construction de l'édifice pour y déposer les restes de son prédécesseur et ami Mayeul. — L'autre système ne veut point admettre que cent années se soient écoulées entre la construction primitive et son complément, vers le milieu du XIIe siècle, par l'adjonction de collatéraux extérieurs ; et, précisant davantage, il fixe la date de la bâtisse à la période de 26 ans qui s'étend entre 1088 et 1114 ; mais, à cette fixation précise, on peut objecter la venue du pape Urbain II à Souvigny en 1095, visite au cours de laquelle il releva le corps de Mayeul, et le fit placer au milieu de la nef où on lui érigea plus tard un mausolée ; or il est peu admissible qu'on eût procédé à cette opération en plein cours de construction.

Quoi qu'il en soit, et sans prendre parti, ce qui

---

(1) Même fixation d'époque à l'ouvrage d'Ach. ALLIER, *L'Ancien Bourbonnais*, continué par MICHEL et BATISSIER, 1833-1838.

est assez délicat, disons que l'église fut construite dans le mode bénédictin, en forme de croix archiépiscopale dessinée par un double transept; seulement, le second transept n'apparaît pas à l'intérieur, tandis qu'il est parfaitement dessiné à l'extérieur, où se dressent deux hauts pignons sur chaque flanc. A l'origine, le monument ne comportait que trois nefs précédées d'un narthex. Au siècle suivant, vers 1170, les Bénédictins trouvant sans doute leur église trop étroite pour sa longueur, et constatant l'affluence sans cesse croissante des pèlerins au tombeau de saint Mayeul, y ajoutèrent deux bas-côtés extérieurs, chacun de sept mètres de largeur, en contre-bas des nefs latérales déjà construites.

En principe, l'édifice est roman, avec des adjonctions postérieures et remaniements gothiques. Ces remaniements, opérés au cours du xve siècle, amenèrent la suppression du narthex, et l'étouffement de la façade romano-byzantine par une façade gothique enveloppant la base des deux tours. Malheureusement, on n'eut jamais guère souci de mettre les parties nouvelles en accord avec les anciennes que l'on conservait; il en résulta de profondes dissonances, chaque siècle apportant son alluvion, et la superposant à l'architecture primitive. — Pour décrire la façade, on peut dire qu'elle se compose verticalement de deux hauts carrés de maçonnerie encadrant un portail sévère et une rosace somptueuse; cette dernière en fort retrait, lesdits carrés surmontés de deux tours, l'une et l'autre sans flèche (1), aux ouvertures disparates : la tour de gauche (face au spectateur) des XI-XIIe siècles, présente deux hautes et larges arcades en plein cintre, flanquées de colonnettes engagées en retrait; celle de droite, un peu plus ancienne (1re moitié du XIe siècle), offre au contraire deux petites arcades géminées. Horizontalement, la façade est barrée par deux petites galeries découvertes : la galerie inférieure, très courte, séparant le portail de la rosace, forme balcon en avant de cette dernière; la supérieure, au-dessus de la rosace, longe les deux carrés de maçonnerie, et s'infléchit en dedans pour suivre le contour de la muraille, laquelle est creusée en trois pans au-dessus du portail jusqu'à l'*oculus* du pignon. Tout cela est d'un étrange effet : la décoration de la façade, bien réduite cependant par la main des hommes et la dureté des temps, contraste par son élégance avec la rigide sévérité des tours; mais cette étrangeté s'explique, et l'on s'en rend compte très rapidement, par la juxtaposition de cette façade en ressaut appliquée sur la façade plus ancienne qui monte en arrière entre les deux tours. Les bas-côtés extérieurs ressortent latéralement;

---

(1) Elles en auraient eu jadis, mais ces flèches ont disparu, de même que le clocher élevé au-dessus du transept, vers 1445, par le prieur dom Chollet. Les deux tours étaient même, en 1838, reliées l'une à l'autre par un comble en bois continu qu'on a heureusement fait disparaître (dessins à l'appui de l'ouvrage *L'Ancien Bourbonnais*).

celui de droite est encastré dans le palais abbatial ; ils sont beaucoup plus bas que le vaisseau, suivant le mode bourguignon, et soutiennent, tant par leur masse propre que par les arcs-boutants qui les surmontent, le collatéral intérieur, lequel contrebute lui-même la nef principale.

En continuant à l'extérieur le tour de l'édifice, je note le portail latéral nord, ogival avec *arc en mitre* (1) surmonté d'une haute fenêtre en tiers-point et d'un pignon pointu ; c'est là l'un des bras de la croix archiépiscopale, le second est immédiatement voisin ; puis l'abside pentagonale flanquée de deux absidioles. Au-delà du chevet enfin, en suivant le mur d'enceinte qui clôt le domaine, se dresse une porte monumentale du prieuré, agrémentée d'un dôme carré du xvii° siècle avec armoiries, et d'un baldaquin terminal.

Pénétrons dans l'intérieur de l'édifice. Un porche est ménagé au-dessous de l'orgue. Devant moi s'ouvre une grande et belle nef principale alignant ses six travées, le transept, le chœur, le sanctuaire et l'abside, sur une longueur de 84 mètres. La hauteur de 17 mètres, relativement considérable en proportion de la largeur, produit un effet d'étroi-

---

(1) Ces arcades triangulaires ou *arcs en mitre*, dont Caumont trouvait l'origine dans l'imitation des frontons antiques, tandis que d'autres y voient une raison d'économie et de simplicité, sont une caractéristique de l'architecture bourbonnaise des xi° et xii° siècles, et se rencontrent en plusieurs parties de l'église de Souvigny, notamment à la *chapelle neuve*. La provenance en est apparemment byzantine.

tesse et d'élancement qui augmente la grâce de ce superbe vaisseau; il est flanqué de hauts piliers enfermés dans un faisceau de colonnes engagées. Quatre nefs latérales ajoutent leur double rangée de piliers aux piliers de la nef principale; les deux nefs attenantes à celle-ci sont étroites et hautes, comme avenues de forêts; les deux excentriques se présentent plus spacieuses et basses de voûte; l'ensemble atteint une largeur totale de 28 mètres. La voûte principale est soutenue dans le sens de la longueur par une étroite arête de pierre enlacée de festons de lierre, et semblable à une gigantesque colonne vertébrale; de cette arête partent des nervures retombant sur les chapiteaux.

Un court examen permet de déterminer et de séparer les phases successives de la construction, lesquelles phases, avons-nous dit, dès le portail se déroulent et se superposent du xie au xve siècle. L'église primitive est toute romane; elle comprend la nef et les deux collatéraux adjacents. Un siècle plus tard, on y ajoute les collatéraux extérieurs, sombres, bas, essentiellement romans par leurs doubleaux en plein-cintre et leurs formerets; par suite de la date postérieure, la sculpture des chapiteaux y est notablement plus fouillée. L'église est alors complète. Au xve siècle, elle menace ruine: l'architecte la reprend au-dessus des arcades latérales, il la hausse en gothique, enferme les anciennes colonnes romanes dans le faisceau de pilastres de la nouvelle construction, et bande au sommet la nouvelle voûte gothique avec son arête centrale, ses nervures, ses lierres festonnés. De même il élance en ogive très pointue, bandée de doubleaux, les nefs collatérales intérieures, tandis que les collatéraux extérieurs demeurent avec leurs nefs basses, voûtées d'arête. Encore convient-il de noter une modification de style aux dernières travées du collatéral extérieur droit : les deux premières travées en sont bien romanes; mais les quatre autres, jusqu'au seuil de la *Chapelle vieille*, ont pris la forme ogivale. On donne pour motif de cette transformation que, le cloître adjacent étant lui-même ogival, les religieux ont voulu que les travées du collatéral qui y confinaient, ne fussent point avec lui en désaccord trop flagrant. — Cette transformation s'étend au transept, au chœur, au sanctuaire légèrement surélevé, ceint de grêles colonnes, et entouré d'un déambulatoire à trois chapelles absidales, dont une carrée, celle du chevet; il en existait cinq à l'origine, mais deux ont disparu dans le remaniement du xve siècle, pour faire place à la Chapelle neuve et à la sacristie.

Telle est cette métamorphose par laquelle une église gothique s'introduit dans une enveloppe romane, se juxtapose à elle quand elle ne s'y substitue pas; artifice, dira-t-on, et mélange d'époques disparates; mais on laisse de côté la critique, et l'on oublie ces transitions trop brusques, pour constater avec quel art cette cacophonie architecturale se fond dans l'harmonie des tons et le concert des lignes. — Ajoutons, pour terminer cette revue d'ensemble, que le sanctuaire est précédé d'un chœur pour le Chapitre avec clôture de pierre basse continue; et notons dans le détail l'ornementation des chapiteaux romans, étrangement variée, de fleurs, de feuilles, de rinceaux, d'animaux réels ou fantastiques, de scènes légendaires, historiques ou symboliques. De cette dernière catégorie, je relève des griffons buvant dans un calice, un monstre dévorant un homme que deux autres hommes tentent d'arracher à son étreinte, sans doute un emblème de la Charité; ailleurs, un groupe dansant au son de la harpe et de la viole; puis un centaure lançant une flèche contre une sirène. En général, le faire de ces chapiteaux est moins achevé qu'à ceux de la même époque en Bourgogne.

J'ai hâte d'arriver aux tombeaux, car ils sont la raison d'être essentielle de ma visite à Souvigny. Les chapelles qui les renferment s'ouvrent aux extrémités des collatéraux extérieurs : à droite, c'est-à-dire au bas-côté méridional, le monument de Louis II de Bourbon (1337-1410) et de sa femme Anne d'Auvergne; à gauche, c'est-à-dire au bas-côté septentrional, celui de Charles Ier (1401-1456) et de sa femme Agnès de Bourgogne. — Louis II, pendant la minorité de Charles VI, partagea la régence avec les ducs de Berry et de Bourgogne. Les opinions des contemporains sur son compte sont singulièrement différentes et variées : Christine de Pisan l'exalte, vantant sa bonté, sa douceur, sa clémence; Froissart, au contraire, le représente comme orgueilleux, présomptueux et hautain; entre ces deux appréciations, il est difficile de choisir, et il vaut mieux juger l'homme sur ses actes. Or, il est constant qu'il fut vaillant serviteur de la royauté, que pendant quatre règnes il demeura fidèle à son suzerain, que notamment, pendant la minorité et la démence de Charles VI, il ne trempa dans aucun des complots factieux dont les oncles du Roi se rendirent coupables. Époux de l'héritière du Forez, il éleva la maison de Bourbon à un haut degré de puissance, et en fut en quelque sorte le fondateur. Tel est l'homme, voyons ce qu'est son tombeau.

Les deux gisants reposent sur un mausolée de marbre blanc. Le dé est simple, décoré d'écussons frustes, jadis Bourbon et Auvergne, avec bandelettes sur lesquelles sont inscrits les mots *Fidélité, Espérance;* c'étaient les insignes de l'ordre de l'Écu, fondé par Louis II, et qui s'éteignit avec lui. De marbre blanc également sont les deux statues; une sorte de surplis enveloppe le torse du Duc, ses jambes et ses pieds sont bardés de fer. La robe de la Duchesse est simple; sa coiffure est de l'époque, analogue à celle bien connue de Marguerite de

Flandre, au buste de la Chartreuse de Dijon. Sur leurs têtes, deux dais richement sculptés; à leurs pieds, deux animaux affrontés, un bouledogue et un lévrier, que les Vandales de 1793 ont outrageusement mutilés; défigurées de même sont les statues, nez brisés, bras de la Duchesse disparus. L'ensemble est sobre et sévère; c'est la *Chapelle vieille,* de 1376, étroite, sombre et basse, vraie chapelle funéraire, présentant encore un reste de physionomie du morose moyen-âge, bien qu'appartenant déjà à la seconde moitié du xive siècle.

La chapelle du bas-côté nord, ou *Chapelle neuve*, de 1450, est plus vaste, et déborde quelque peu sur le collatéral intérieur; elle est également plus ornée, jusqu'à revêtir le caractère du gothique flamboyant, exubérance que l'on serait tenté de trouver choquante et disparate, si l'on ne considérait que, par sa date postérieure et surtout par son ampleur, elle forme comme un tout accolé à la construction primitive. Là repose Charles Ier, petit-fils de Louis II; à ses côtés, sa femme Agnès de Bourgogne, fille de Jean-sans-Peur, bien reconnaissable à ses traits de famille, car elle présente une ressemblance marquée avec sa sœur, la Duchesse de Bedford, épouse de Jean de Lancastre, du mausolée de laquelle le Musée de Dijon possède le moulage. Il l'épousa en 1427, contre son gré, nous dit-on, car il entendait comme son grand-père Louis et son père Jean, le prisonnier d'Azincourt, demeurer fidèle à la royauté ; mais les circonstances furent plus fortes que sa volonté ; il intervint du moins au traité d'Arras, et hâta la réconciliation entre duché et royaume. Il eut de son épouse Agnès onze enfants, dont la descendance essaima dans toutes les Cours d'Europe.

Le dé du monument est de marbre blanc, avec motifs ogivaux sculptés au pourtour, et encadrant des niches vides ; il repose sur un socle de marbre noir. Les gisants, de blancheur éclatante (albâtre blanc de Salins), sont eux-mêmes couchés sur une table de marbre noir, soit blanc et noir alternés ; ils ont non moins souffert dans leurs physionomies que ceux de la *Chapelle vieille* : point de nez, aucune trace de menton ; la Duchesse n'a plus de bras ; le Duc conserve seulement deux moignons, qu'il s'efforce de rapprocher dans l'attitude de la prière. Les têtes reposent sur des coussins ; aux pieds, deux lions affrontés. L'épitaphe, bien conservée, court autour de la dalle funéraire ; je la reproduis intégralement, puisqu'elle concerne une princesse qui fut nôtre :

« Cy gist de bonne mémoire très hault et puissant prince
« Charles duc de Bourbonnois et d'Auvergne Comte de
« Clermont et Forez seigneur de Beaujeu et de Chastel-
« Chinon per et chamberiez de France lequel trespassa le
« IIII° jour de Décembre l'an mil CCCCLIIIIII.

« Et aussy gist très haulte et très puissante princesse
« Madame Agnès de Bourgongne laquelle ala de vie a tres-
« pas le premier jour de Décembre l'an mil CCCC soixante
« et seze. Priez Dieu pour eulx. »

D'autres Bourbons reposent encore dans les Caveaux de la *Chapelle neuve*. Elle renferme en effet six grandes bières de plomb : les deux premières sont celles du duc Charles et de la duchesse Agnès de Bourgogne ; puis viennent les ducs Jean, père de Charles, mort en 1447, Pierre, fils de Charles, mort en 1503, Anne de France dame de Beaujeu, fille de Louis XI, morte en 1522, et Suzanne sa fille, femme du Connétable, morte en 1521, celle dont l'héritage disputé au mari par la Couronne de France, amena la trahison du Connétable et les désastres bien connus. Et encore une enfant, Louise-Marie, fille légitimée de Louis XIV et de Madame de Montespan. — Les caveaux furent ouverts pour la dernière fois en 1840, à l'occasion d'une visite d'archéologues bourbonnais ; peut-être quelque jour s'élèvera-t-il parmi eux discussion semblable à celle qui a passionné récemment leurs confrères bourguignons.

Donc, seuls deux monuments funèbres attirent notre attention, et peuvent fournir matière à études et comparaisons toujours intéressantes. — Nous ignorons l'auteur du monument de Louis II ; nous savons seulement qu'il avait fait préparer à l'avance sa sépulture. Nous sommes mieux renseignés en ce qui concerne celui de Charles Ier ; il fut sculpté par Jacques Morel, Lyonnais, qui fut l'oncle d'Antoine le Moiturier, un des artistes ayant travaillé au tombeau de Jean-sans-Peur (voir *Jean de la*

Huerta, Antoine le Moiturier et le Tombeau de Jean-sans-Peur, par M. Chabeuf, *Mémoires de l'Académie de Dijon*, 2ᵉ série, T. II, années 1890-1891). De plus, nous possédons le marché de 1448 dans lequel il était stipulé que le tombeau serait de la dimension de celui de feu Monseigneur le Duc de Bourgogne (Philippe-le-Hardi) *estant à Dijon*, et précisant les ornements qui l'accompagneraient. Le Duc devait avoir à ses pieds un lion, et la Duchesse deux petites chiennes ; en réalité, ce fut également un lion. Il devait y avoir quatre anges à la tête, portant, comme à Dijon au tombeau de Jean-sans-Peur dont il est exactement contemporain, — le marché fait avec Jean de la Huerta étant de l'année 1444, — les uns le bassinet du Duc, les autres l'écusson *armoirié* de la Duchesse, et sur chaque pilier un angelot tenant un écusson d'albâtre aux armes des deux époux ; et dedans les tabernacles, 44 personnages d'albâtre, *plus ou moins, plorans et portans deuil*. — L'exécution fut, autant que nous pouvons en juger, conforme au marché ; les statuettes, personnages, angelots, furent vraisemblablement exécutées, avec les tabernacles qui devaient les contenir ; mais elles ont disparu dans la tourmente révolutionnaire, et n'ont laissé que des traces le plus souvent hypothétiques (1). De

---

(1) Une description très détaillée des monuments de Souvigny, rédigée en 1620 par Noël Cousin, est conservée à la Bibliothèque nationale ; elle relate la riche décoration qui complétait les tombeaux, et consistait en

même a-t-on prétendu que les statuettes des onze enfants de Charles et d'Agnès de Bourgogne décoraient la face du monument ; on montre même au Musée de Moulins deux petites effigies qui puiseraient là leur origine ; mais cette restitution ne fut qu'idéale et en projet dessiné (planches à l'appui de l'ouvrage l'*Ancien Bourbonnais*) ; elle ne fut pas réalisée.

Il est néanmoins intéressant de comparer les tombeaux de Souvigny à ceux de Dijon, et de noter les ressemblances ou différences matérielles et artistiques qu'ils présentent entre eux. — Les dimensions tout d'abord ne sont pas les mêmes, notablement plus petites à Souvigny qu'à Dijon pour les deux tombeaux : 1 mètre et 1^m 20 de hauteur à Souvigny, 1^m 50 et 1^m 49 à Dijon ; la longueur et la largeur sont de même plus faibles, dans des proportions analogues. Quant à l'exécution des uns et des autres, elle devait forcément, en raison de la date, de la proximité et des échanges constants d'artistes qui se pratiquaient entre les trois petites cours de Bourgogne, de Berry et de Bourbonnais, offrir de notables similitudes ; les ressemblances devaient être plus accusées encore entre le

---

figurines placées sous des dais d'architecture, et en pilastres ornés de personnages. Cette description a permis d'identifier quelques fragments de décoration en marbre conservés au musée de Moulins, et d'en reporter la provenance aux tombeaux de Souvigny (*Bulletin archéologique du Comité des travaux historiques et scientifiques*, année 1893, fasc. 1, p. xxxiv-xxxv).

tombeau de Philippe-le-Hardi et celui de Charles Ier, à cause de l'intention spéciale énoncée au contrat de 1448 : Jacques Morel, oncle d'Antoine le Moiturier, était venu à Dijon, pense M. Courajod, et y aurait certainement étudié les monuments de la Chartreuse de Champmol. Le tombeau de Charles est donc, cela devait être, une imitation de celui de Philippe ; mais il est mieux que cela, et comme M. Chabeuf le dit fort bien, les statues des gisants sont, à Souvigny, *d'une exécution savante et large* qui met ce monument *presque de pair* avec celui de Dijon. Nous n'y trouvons point cependant, à ce qu'il nous semble, l'ampleur et la majesté que revêt le tombeau du duc Philippe ; l'impression est moins grande, moins imposante ; cela tient-il au meilleur état de conservation de nos tombeaux, à leurs dimensions plus considérables, à la robe d'un plus beau jet, de plis plus rigides à Dijon qu'à Souvigny, ou bien encore, impression moins artistique, mais néanmoins réelle, doit-on faire la part du polychrome dont est décoré notre Duc, coloration qui, quelque imparfaite qu'elle ait été lors de la restauration moderne, donne l'expression aux chairs, et en accentue les traits (1) ?... Il m'a paru que les gisants de Souvigny gardent quelque apparence ma-

---

(1) Il semble que l'un des tombeaux, tout au moins celui de la *chapelle vieille*, ait été polychromé ; du moins offre-t-il encore quelques traces de coloration (renseignement fourni par M. l'abbé Roffat, curé-doyen de Souvigny, dont la parfaite obligeance m'a été du plus grand secours pour la mise en œuvre de mes notes et la rédaction de cette notice).

niérée, trahissant l'imitation incomplète du modèle, — Sluter est un précurseur que l'on n'imite pas facilement, — et, ce qui achève de rendre plus grande la supériorité de l'œuvre de Claus Sluter et après lui de Claus de Werve, c'est la merveilleuse ornementation du socle, ce sont toutes ces figurines d'expressions, d'allures si variées, lesquelles ont sans doute existé de même au monument de Jacques Morel, mais en ont malheureusement disparu.

D'autres attractions sollicitent le visiteur en l'église de Souvigny, attractions dont la contemplation des tombeaux nous a pour un temps détourné; c'était justice; donnons-leur place toutefois, et cette place ne sera pas usurpée. — A la *Chapelle vieille*, contre le mur à droite en entrant, est un Sépulcre accolé au mur en haut relief. C'est bien le type classique, tel que je le rappelais dans un travail précédent à l'occasion du Sépulcre de Tonnerre *(Un voyage de quinze jours au cœur de la Vieille France,* 1905) : le corps du Christ, en fidèle anatomie, gît sur un drap que soutiennent aux deux extrémités deux vieillards à barbe de fleuve; cinq personnages, rangés sur une même ligne, contemplent le cadavre; la Vierge est au centre, tête recouverte d'un voile qui dissimule en partie ses traits. On reconnaît là le procédé bourguignon tel qu'il se retrouve à Tonnerre, à Avignon : l'artiste, se défiant de son art pour représenter d'une manière suffisante la désolation de la mère, s'en est tiré en lui voilant le visage; ce que nous en voyons est calme, silencieux, avec une certaine contraction de traits qui annonce la douleur prête à éclater. Calmes et silencieux sont de même saint Jean et la sainte Femme qui encadrent la Vierge, chacun ayant saisi une des mains de la Mère comme pour affirmer sa compassion profonde, sans que leurs regards à tous trois cessent de converger vers le Christ. Même expression sur les visages de la Madeleine et de l'autre sainte Femme qui occupent les extrémités du groupe; même agencement faisant de la Vierge le personnage essentiel, sans exagération toutefois, c'est-à-dire sans qu'on puisse oublier un instant le Dieu qui gît, le Dieu devant lequel le groupe tout entier s'abîme en contemplation, et pleure.

A l'extrémité du collatéral de droite, près de la porte d'entrée de la *Chapelle vieille*, apparaît, appliquée contre le mur, à la naissance du transept, *l'armoire aux reliques*. Elle est sculptée dans la pierre, et s'ouvre par deux volets de fonte, chacun à deux compartiments. Chaque compartiment est orné de peintures : les deux inférieurs représentent saint Mayeul et saint Odilon, le premier, quatrième abbé de Cluny, mort à Souvigny en 994, alors qu'il se rendait près de Hugues Capet pour l'aider dans la réforme des monastères du nord de la France; le second, successeur de Mayeul dans la direction de la grande abbaye, mort comme lui au prieuré de Souvigny en 1049.

On a dit qu'en général, à Souvigny, la sculpture est inférieure à l'architecture, qu'elle est notamment moins avancée qu'en Bourgogne à la même époque. L'ornementation de l'*armoire aux reliques*, du XVe siècle, dans ce merveilleux gothique flamboyant que nous avons admiré déjà à la *Chapelle neuve*, apporte tout au moins une atténuation à cette thèse, et montre qu'avec le temps la sculpture bourbonnaise a singulièrement progressé. Je suis encore plus frappé de ce fait, lorsque, ayant fait le tour de l'église, je reviens au bas du collatéral de gauche ; là est appliqué contre la muraille, dans une arcature en plein cintre, un bas-relief à trois étages en manière de retable, chaque étage étant séparé du supérieur par une frise d'ornementation byzantine. Chacun des deux étages inférieurs est lui-même subdivisé en fines arcatures soutenues par de délicieuses colonnettes; ces colonnettes-miniatures épuisent toutes les formes que peut prendre la colonne : torses, cannelées, zigzaguées, fleuronnées, à croisettes, à prismes, à losanges, avec chapiteaux à l'avenant. On userait de toutes les épithètes laudatives sans parvenir à exprimer le charme que présente ce spectacle; mais il se complique d'une énigme, lorsqu'on remarque à l'étage supérieur du retable, cinq personnages largement drapés auxquels manquent les têtes, ce qui fait disparaître en même temps les éléments d'identification. On a pensé que ces fragments pouvaient provenir de la châsse de saint Mayeul, et en avoir formé trois des faces; les débris de la quatrième face restent près de là, gisant et non reconstitués; on s'est demandé également, s'ils n'auraient pas servi à décorer le portail de l'église; le doute subsiste sur ce point.

Enfin, pour accroître l'intérêt et surexciter la curiosité, devant le retable se dresse une colonne à huit pans surmontée d'un saint Christophe décapité. La base de la colonne est d'emprunt; de même, la statuette lui est évidemment étrangère. La colonne elle-même est tronquée; suivant l'appréciation de M. de Caumont qui examina jadis avec soin ce curieux petit monument, elle devait être double en hauteur. Ce qui corrobore cette idée, c'est que sur l'une des faces de l'octogone sont représentés les uns au-dessus des autres, en autant de compartiments, six seulement des douze signes du Zodiaque, avec les travaux correspondant à chacun d'eux. Des autres faces, chacune également à six divisions, je retiens deux particularités intéressantes, parce qu'elles peuvent fournir matière, sinon à explication, tout au moins à discussion de cette étrange colonne : sur l'une s'étagent successivement un animal antédiluvien, quelque chose comme le Léviathan de la Bible ou le plésiosaure des géologues modernes, puis un éléphant, une licorne, une sirène, enfin un monstre baroque, moitié femme, moitié oiseau; sur l'autre, figurent un singe, puis des variétés fabuleuses d'hommes, un personnage à deux jambes réunies en un seul pied, un homme à pieds de chèvre ou satyre, enfin un nègre avec l'étiquette *Æthiops*, Ethiopien; les autres faces sont occupées par toutes sortes de feuillages.

Qui nous donnera la clé de cette énigme ? Notre ami Émile Montégut, dans ses *Impressions de voyage et d'art, Souvenirs du Bourbonnais*, 1873, propose l'explication suivante : — on doit y voir l'expression de la doctrine de sélection animale, présentée plusieurs siècles avant Darwin, alors qu'elle était hautement qualifiée d'hérésie. La vie se développe sur la terre, suivant une méthode confuse assurément, mais avec un désir visible d'ordonnance logique : d'abord les monstres de la mer, puis les grands animaux aujourd'hui disparus pour la plupart, puis les ébauches successives de l'homme, satyres et faunes, centaures et sirènes, soit des êtres hybrides, nos monstrueux ancêtres, dont nous ne serions que la perfection définitive. Combien de fois n'avons-nous pas entrevu cette thèse chez les aventureux écrivains de la fantaisiste Renaissance ? Il suffit, pour la rendre palpable par des exemples, de se reporter aux *Bestiaires* du moyen-âge..... La thèse est assurément séduisante; elle est spécieuse, et sans l'accepter absolument, nous croyons pouvoir la reproduire. — D'autres critiques, sans aller aussi loin dans la voie d'une philosophie qui confine à l'hérésie, ont pensé que, par ces figures extraordinaires dont était coutumier le moyen-âge, et dont saint Augustin parle dans sa *Cité de Dieu*, l'artiste avait simplement voulu rappeler l'état de laideur et de dégradation où l'homme avait été réduit par le péché. La solution de la question, ici encore, demeure douteuse ; quant à la destination de la colonne, peut-être était-ce un gnomon destiné à indiquer la marche du soleil.

Au sortir de l'église, mon attention est tout naturellement attirée par le Palais abbatial. La façade du xviie siècle s'aligne immédiatement à gauche, basse, agrémentée de pilastres cannelés, la porte surmontée d'un dôme octogonal. Une voûte conduit à la première cour, adjacente à l'église : rien de saillant, des logements modernes et misérables installés dans ce qui fut jadis l'habitation du prieur, une pauvre vieille femme pour qui tous ces souvenirs du passé sont lettre morte. Je me guide moi-même. Dans une seconde cour aménagée en jardin potager, s'ouvre une galerie de cloître du xve siècle, avec gargouilles et clés de voûte finement détaillées ; je note de puissants contreforts, un fragment de salle capitulaire du xiiie, et c'est tout. Ici encore, le vandalisme politique a fait son œuvre, et l'ignorance, l'indifférence sont en train de la compléter. Combien de fois, au cours de mes voyages, ne suis-je pas tenté de m'écrier : « Sottise humaine, que tu es grande, « de gaspiller ainsi tes trésors!..... » — Sur la grand'place, devant le Prieuré, s'élève une vieille fontaine abritée d'un dais de pierre. Près de là, l'ancienne église paroissiale, de style roman, sert de grenier à fourrage; et en arrière, noyé dans de vieilles masures non sans caractère, le château du xive, représenté par quelques débris, mais encore assez bien figuré par une voûte profonde et une vaste cour carrée, soit un ensemble qui, à défaut de réalité, éveille des souvenirs. Mainte maison, dans ce quartier retiré, conserve des détails des xive et xve siècles, et l'archéologue de saisir au vol ces débris du passé, bien modestes et mesquins assurément, précieux néanmoins comme faisant cortège à la magnifique église.

Je n'ai plus qu'à gagner Moulins, ma dernière et définitive station. Je relis toujours avec intérêt les *Impressions de voyage et d'art* d'Émile Montégut, parce qu'il voyait bien, en homme avisé, en artiste, et que, s'il est parfois paradoxal, il l'est toujours avec esprit; or, quelque ville qu'il aborde, une fois sa visite terminée, il s'efforce d'en dégager la caractéristique, d'assigner à la cité, petite ou grande, sa physionomie sociale ou pittoresque. La besogne n'est pas toujours facile, et, sans vouloir dire de mal de notre pays, nous sommes forcés de reconnaître que plus d'une de nos petites villes, malgré quelques attractions de détail, est absolument incolore, et que toute l'ingéniosité du philosophe pour en déterminer la physionomie, est dépensée en pure perte. — Pareil reproche ne saurait être adressé à Moulins : ville moderne dans son essence, nous n'y contredirons point, mais renfermant cependant plus de souvenirs intéressants que n'en contiennent la plupart des villes françaises de même importance, fussent-elles plus anciennes; originale sans ambition, élégante sans coquetterie, suffisamment animée dans les quartiers du centre, calme au pourtour, en général agréable et reposante. De superbes ombrages — le Bourbonnais n'est-il pas le pays des beaux platanes? de bons hôtels, — Sterne, dans son *Tristram Shandy*, ne s'écrie-t-il pas : « Quelle bonne auberge à Moulins! » Et les gîtes n'y ont point démérité. Bref, une ville agréable et plaisante, où il ferait bon vivre (1)... L'archéologue a d'autres soucis, et, ce qu'il a vu, il doit le noter, non point tant pour le plaisir de ceux qui l'entendent ou qui le lisent, —

---

(1) Arthur Young, il est vrai, de passage à Moulins en 1789 s'exprime ainsi : « Pauvre ville, mal bâtie, pas une hôtellerie comparable à celle « du petit village de Chavanne !... au café de M⁻ Bourgeau, vingt tables, « pas un journal, cela au début de la Révolution ! 24 sous une tasse de « café et un petit morceau de beurre !..... Ignorance, stupidité, pauvreté « nationale, dans une ville chef-lieu de province, pourvue d'un inten-« dant !... » Mais Young était quelque peu hypocondre, et ses appréciations pessimistes ne sauraient être généralisées.

ce plaisir est souvent médiocre, — mais encore et surtout pour sa satisfaction personnelle, et l'agrément de pouvoir, un peu plus tard, revivre lui-même ses souvenirs.

Le Bourbonnais proprement dit était loin de représenter ce qui fut plus tard la province de ce nom, et même ce qui a formé notre département de l'Allier; Montluçon faisait partie de la Marche, Gannat de l'Auvergne, la Palisse du Forez; ce fut donc une création tout artificielle, due, comme le surplus du beau domaine de la Maison de Bourbon, à des acquisitions et à des mariages. Longtemps les Ducs résidèrent à Souvigny, puis à Bourbon-l'Archambault; de même, au point de vue ecclésiastique, Moulins relevait d'Yzeure. Dans la seconde partie du xive siècle seulement, les Ducs de Bourbon y établissent leur résidence, y construisent un château; la ville se développe, et devient capitale en titre à la fin du xve. Elle conserve en son centre quelques ruelles de physionomie originale, de vieilles demeures du xve siècle à façade en bois et haut pignon pointu, le charmant logis du *Doyenné* avec tourelle octogonale d'escalier et ornementation Renaissance; les vieilles Halles en arcades, l'*hôtel Moret* de la fin du xive siècle, dont la haute toiture en ardoise est percée de *louvres* d'un gracieux effet. Sur la place de l'Hôtel de Ville se dresse le Beffroi municipal, haute tour carrée du xve dont le couronnement a été refait au xviiᵉ, et qui, comme à Dijon, montre avec orgueil ses deux Jacquemarts.

La Cathédrale, précédemment Collégiale, est un bel édifice gothique de la fin du xvᵉ, présentant à la façade deux magnifiques flèches de pierre; elle est brillante et lumineuse. Je sors des églises sombres d'Espagne et d'Auvergne; cette lumière éclatante repose, elle est bienvenue. Puis les attractions de détail n'y font pas défaut. C'est, à la chapelle Saint-Louis, dans un enfeu, une pierre tombale du xviᵉ siècle sur laquelle est sculpté, en demi-relief, un cadavre rongé par les vers. J'ai déjà rencontré plus d'une fois cette figure au cours de mes voyages, notamment à Tonnerre et à Gisors; l'idée était familière à la fin du moyen-âge; c'était une représentation générale de la mort, plutôt que l'évocation d'un personnage déterminé; l'inscription en est singulièrement suggestive :

Olim formoso fueram qui corpore putri
Nunc sum, tu simili corpore lector eris. — 1557.

Derrière le maître-autel, en contre-bas dans une chapelle souterraine, un Sépulcre du xviᵉ siècle offre le groupement habituel; la Vierge toutefois n'est point placée au milieu, mais seulement second personnage à droite, visage disparaissant sous le voile, soutenue par saint Jean près duquel se tient la Madeleine; aux extrémités, deux saintes Femmes; enfin, de profil, Joseph d'Arimathie et Nicodème supportant le corps du Christ. Tous les regards convergent sur le Sauveur; c'est toujours la *Passion de la Vierge*, avec cette constante nuance de discrétion, que la mère s'efface suffisamment pour que l'intérêt ne soit point détourné du divin supplicié.

A la sacristie, un merveilleux triptyque représente la Vierge et l'Enfant Jésus avec donateurs, lesquels sont, d'un côté Pierre de Beaujeu, de l'autre sa femme Anne de France, et, près d'elle, leur fille Suzanne qui épousa son cousin le Connétable; les deux époux, Pierre et Anne, présentés chacun par son patron. La Vierge est entourée d'anges qui tiennent déployée, à ses pieds, une bandelette sur laquelle on lit :

Hæc est illa de quâ sacra canunt eulogia sole amicta
Lunam habens sub pedibus stellis meruit coronari duodenis.

On a jadis attribué le tableau à Domenico Corradi dit le Ghirlandajo, et la disposition des personnages en *guirlande* autour de la figure principale, pouvait donner crédit à cette opinion; on le restitue désormais à Jehan Perréal, et l'engouement bien justifié dont jouissent nos *primitifs* depuis la récente Exposition, n'est point pour faire tort à cette nouvelle attribution ; mais n'y a-t-il pas abus dans le nombre d'œuvres dont on veut reporter la paternité au *Maître de Moulins* ? J'en voyais la preuve il y a deux ans au Puy, à l'occa-

sion de la célèbre peinture des *Arts libéraux*.....
J'hésite à prendre parti, n'étant pas suffisamment
documenté. — La sacristie montre de même avec
orgueil une peinture sur bois de 1606, où figurent
les Aubery, vieille famille bourbonnaise, ainsi
qu'une belle tête de Christ et une statue de la
Vierge en marbre, du xviie siècle, provenant toutes
deux de l'abbaye de Sept-Fons.

Je n'aurais garde d'oublier, près de la Cathédrale, le vieux Château des Ducs, duquel subsiste la grosse tour carrée du xive siècle, dite la *Malcoiffée*, servant aujourd'hui de prison, ainsi que le charmant pavillon Renaissance, à l'angle de la même place, précédé d'un porche ornementé, et converti en Gendarmerie. — Mais une attraction plus moderne, et sans doute la plus connue des étrangers amenés à Moulins, réside en la chapelle du couvent de la Visitation, aujourd'hui Lycée, jadis fondé par Madame de Chantal; c'est le tombeau du Duc de Montmorency, le vaincu de Castelnaudary, et sa présence à Moulins se justifie par le fait que la veuve du Duc, Félicia Orsini, se retira au monastère, y devint l'amie de la sainte abbesse, et lui succéda dans la direction de la communauté. Le couvent conserve le cœur des deux amies.

Le monument, œuvre de trois artistes, dont un seul a gardé quelque renom, Auguier, l'architecte de la Porte Saint-Denis, se présente sous la forme suivante: un large et haut revêtement de marbre blanc tapisse la muraille de la base au faîte; au centre est creusé un cadre carré rempli par une urne cinéraire, autour de laquelle s'enroule une épaisse guirlande de feuillage, soutenue aux angles par deux petits anges; à droite et à gauche, deux niches où se dressent les statues de Mars et de la Religion; au fronton, l'écusson de Montmorency flanqué de deux anges. En avant du revêtement est placé le tombeau, coffre mortuaire de marbre noir reposant sur deux consoles; la table funéraire est occupée entièrement par deux figures en grandeur naturelle : le Duc, à demi-couché, buste relevé, un bras appuyé sur son casque, l'autre reposant sur son épée ; la Duchesse assise dans une attitude de douleur résignée. Enfin, deux statues, Hercule et la Charité, occupent les vides à droite et à gauche du tombeau. L'épitaphe, en lettres dorées, est gravée au socle du sarcophage.

A première vue, l'effet est grandiose, et toutes ces effigies de marbre blanc, le revêtement d'une éclatante blancheur, alternent de la façon la plus heureuse avec le tombeau de marbre noir et les colonnes également noires qui supportent l'entablement. Dans le détail, on a formulé certaines critiques; on a relevé le mélange du sacré et du profane, Hercule et Mars faisant pendant à la Religion et à la Charité; mais il convient de remarquer que le monument, dans son ensemble, est en quelque sorte partagé entre deux personnages ayant chacun des caractéristiques fort différentes, le Duc tout entier à la guerre et aux idées du monde, la Duchesse n'ayant plus de refuge que dans la piété. Une observation qui n'a peut-être pas été faite, mais qui me frappe, c'est que les deux époux paraissent assez détachés l'un de l'autre, la Duchesse regardant en face, tandis que le Duc dirige ses regards du côté opposé; on dirait de deux étrangers, et certes telle n'a pu être l'intention de l'inspiratrice : si Montmorency put être soupçonné, dans sa vie, de diverses prouesses galantes, sa femme ne put oublier qu'elle avait eu une large part à ses visées politiques, et qu'ils avaient été tout au moins unis dans leurs ambitions temporelles; de plus, l'idée religieuse a bien certainement écarté de son esprit toute récrimination posthume. Il ne faut voir là que l'intention de l'artiste, qui a voulu reporter à la veuve tout l'honneur du monument; autant, en effet, sont expressives la physionomie de la Duchesse, celles de la Religion et de la Charité, autant sont insignifiantes celle du Duc, les figures et les attitudes d'Hercule et de Mars. La Duchesse, dit-on, s'en aperçut, et voulait protester contre cette glorification de sa propre personne; Madame de Longueville lui fit entendre raison.

Pour nous résumer, le monument est plutôt grandiose que vraiment beau ; mais, par son caractère religieux et profondément douloureux, il échappe au reproche d'apothéose exclusive adressé avec raison à celui du Cardinal de Bouillon, que garde Cluny ; il méritait d'être conservé, et cependant il ne fut soustrait que par miracle au vandalisme révolutionnaire. On raconte qu'en l'année 1793, une bande se présenta au couvent, munie de marteaux et de gourdins, pour le démolir : « Qu'al-« lez-vous faire ? leur clame un homme d'esprit « survenu à propos ; ne voyez-vous pas que là re-« pose, non pas un aristocrate, mais un bon citoyen « comme vous, qui conspira contre la royauté, et « eut les honneurs de la guillotine ? » Cette heureuse saillie sauva le mausolée de Montmorency.

Le Musée archéologique ne pouvait être oublié, et de fait il mérite l'honneur d'une visite. Installé à l'étroit au Palais de Justice, il se développe sans cesse par le zèle d'un conservateur dévoué, et devra au premier jour être transplanté. Il renferme des débris de l'époque gauloise, des épées, des statuettes, des briques estampées avec l'attache de la VIIIe légion Augusta, celle-là même qui gardait le Dijonnais ; puis de vieilles statues, une *Pietà* attribuée à Luca della Robbia ; des carreaux émaillés, des faïences de Moulins, de Nevers, et la superbe cheminée de la Renaissance enlevée à l'hôtel du Doyenné. Le temps me pressait, et me força d'abréger ma visite. — Ce ne fut pas toutefois sans avoir rendu hommage à un autre trésor archéologique, la Bible dite de Souvigny, du XIIe siècle, datée de

MCXV (1), et conservée à la Bibliothèque municipale. Elle l'échappa belle, elle aussi, ayant été, à la Révolution, transportée avec toute la *librairie* du Prieuré dans les greniers du Palais de Justice de Moulins, où elle servit longtemps d'escabeau pour ouvrir une fenêtre. Plus tard, elle est retrouvée à la Mairie, où un expéditionnaire ingénieux l'avait promue à la dignité de coussin de son fauteuil; coussin peu moëlleux cependant, car elle est revêtue d'une reliure en peau de truie tendue sur bois, avec ornements de cuivre ouvragé, peu propres à arrondir les angles ; enfin elle est sauvée, et fait la gloire de la Bibliothèque. Comme pureté de texte, elle fit loi au Concile de Constance de 1414-1418, pour vérifier l'exactitude des arguments proposés par Jean Huss. Comme calligraphie et enluminure, elle est absolument merveilleuse : elle compte cinq caractères d'écriture, majuscules romaines, carolines, onciales, minuscules franciques et scolastiques; 122 miniatures de style byzantin, dont cinq

---

(1) Cette date, inscrite au folio 316, a été déclarée apocryphe et entachée de fausseté par M. de Lasteyrie, qui reporte à la fin du XII° siècle la date de la composition du manuscrit (*Bulletin archéologique du Comité des travaux historiques et scientifiques*, année 1893, fasc. 1, p. XL-XLII.) — On s'est même demandé si la provenance de la Bible est absolument prouvée, et, si l'on concède qu'elle a pu appartenir aux moines de Souvigny, il ne semble pas qu'elle fût depuis longtemps en leur possession au moment de la Révolution. En effet, la description de l'abbaye du XVII° siècle, signée L. B. D., n'en parle pas; le travail rédigé au siècle suivant par dom Triperet sur l'état de l'abbaye en 1738, n'en fait pas davantage mention ; enfin Ach. ALLIER, dans son *Ancien Bourbonnais*, 1833-1838, n'en dit mot à l'article *Souvigny*, et ailleurs, il la dénomme simplement *Bible de Moulins.*

en grande composition. Les couleurs, d'une fraicheur incomparable, azur et vermillon sur fonds d'or et d'argent, sont dans le meilleur état de conservation. La présence de remarquables émaux (1) sur la couverture pourrait faire attribuer à la Bible une origine limousine; telle est du moins l'opinion de M. de Lasteyrie.

Au surplus, il faut en finir, et le lecteur trouvera toujours que les fins les plus promptes, sans phrases, sont les meilleures. Peut-être même, en terminant ce voyage de longue haleine, qui m'a fait voir des contrées et des objets en dehors de notre sphère immédiate d'action, me suis-je étendu plus que de raison sur une région absolument voisine de la nôtre; c'est que, semblable en cela à bien d'autres provinciaux, le Bourguignon ignore volontiers ce qui n'est pas lui-même; il connaît à fond sa petite patrie, et en cela il a grand'raison, car notre Bourgogne renferme des trésors artistiques dont elle peut être fière; mais ce serait être injuste, que de négliger les richesses et les mérites de nos voisins; j'aurai atteint mon but, si j'inspire à nos amis le désir de les connaître.

(1) La majeure partie des émaux, — on en comptait sept, il n'en reste que deux, — qui enrichissaient la reliure, ont disparu; un de ces émaux figurait, tout récemment encore, dans la collection de notre confrère, M. le docteur Marchant, membre de l'Académie de Dijon.

Mandement épiscopal de l'année 1786, conservé en l'ancien Évêché d'Alet (Aude) (1)

Nota. — Le mandement ci-dessous se rapporte à la naissance du quatrième et dernier enfant de Louis XVI, une fille, Sophie-Hélène-Béatrix, née en 1786, morte en 1787.

Mandement de Monseigneur l'Évêque et Comte d'Alet à l'occasion de la grossesse de la Reine, pour ordonner des prières dans son diocèse pour la conservation de sa personne et du fruit qu'elle porte dans son sein, et pour son heureuse délivrance.

Lettre du Roi a Mgr l'Évêque d'Alet :

Mons. l'Évêque d'Alet, les actions de grâces que je dois à Dieu pour l'heureuse grossesse de la Reine, ma très chère épouse et compagne, et la loi que je me suis faite de soumettre à la divine Providence tous les évènements qui m'intéressent, ainsi que mon Royaume, m'engagent à vous faire cette lettre, pour vous témoigner qu'il me sera très agréable que vous ordonniez une collecte ou prière particulière pour la conservation de la personne de la Reine et de l'Enfant dont elle est enceinte. Sur ce je prie Dieu qu'il vous ait, Mons. l'Évêque d'Alet, en sa sainte garde. Écrit à Versailles le trente avril mil sept cent quatre vingt six.   (signé) Louis.
  (et plus bas) le Baron de Breteuil.

Au dos est écrit : A Mons. l'Évêque d'Alet, Conseiller en mes conseils.

(1) La présente copie est due à l'obligeance de M. l'abbé Ruffié, curé-doyen d'Alet ; l'orthographe du document a été respectée.

Mandement :

Charles de la Cropte de Chantérac, par la miséricorde divine et l'autorité du Saint Siège apostolique, Évêque et Comte d'Alet, Conseiller du Roi en tous ses conseils ; au Clergé séculier et régulier et à tous les fidèles de notre Diocèse, Salut et Bénédiction en Notre-Seigneur Jésus-Christ.

L'heureuse grossesse de la Reine, nos très chers Frères, est un évènement qui doit nous combler de joie, et nous pénétrer de reconnaissance envers l'auteur de tout bien. C'est un nouveau témoignage de la protection que la divine Providence ne cesse d'accorder à ce Royaume. Empressons-nous donc, nos très chers Frères, de seconder les désirs du Roi, que ses vertus et son amour pour ses peuples nous rendent infiniment cher. Prions le Dieu des miséricordes de répandre sur la Mère et sur le fruit qu'elle porte dans son sein les plus abondantes bénédictions. Demandons-lui de les conserver jusqu'à un heureux terme, afin que nous puissions lui en rendre avec des transports d'allégresse, les plus vives actions de grâces.

A ces causes, pour nous conformer aux pieuses intentions du Roi, nous avons ordonné et ordonnons qu'immédiatement après la réception de notre présent Mandement, on dira tous les jours à la Messe, dans notre Église Cathédrale et Collégiale, et dans toutes les Paroisses, Annexes et autres Églises de notre Diocèse, jusques aux couches de la Reine, la Collecte, la Secrète et la Postcommunion *Pro Mariâ-Antoniâ-Josephâ-Joannâ Reginâ nostrâ prægnante*. Nous exhortons les Fidèles de notre Diocèse à redoubler, en cette circonstance, leurs prières et leurs bonnes œuvres.

Sera notre présent Mandement lu, publié et affiché partout où besoin sera, à la diligence de notre Promoteur.

Donné à Alet, dans notre Palais Épiscopal, sous notre seing, le sceau de nos Armes et le contre-seing de notre Secrétaire le dix-septième Mai mil sept cent quatre vingt six.

Charles-Eugène, Évêque Comte d'Alet.
Par Monseigneur : Affre, secrétaire.

DIJON, IMPRIMERIE JACQUOT ET FLORET

www.ingramcontent.com/pod-product-compliance
Lightning Source LLC
Chambersburg PA
CBHW051903160426
43198CB00012B/1724